i libri di errasanta

T0165993

*Per informazioni sulle opere pubblicate
e in programma rivolgersi a:*

Edizioni Terra Santa
Via Giovanni Gherardini, 5 - 20145 Milano
Tel. +39 02 34592679
Fax + 39 02 31801980
http://www.edizioniterrasanta.it
e-mail: editrice@edizioniterrasanta.it

Chiara Zappa

Mosaico Turchia

Viaggio in un Paese che cambia

edizioni terra santa

Copertina di Elisabetta Ostini

In copertina: veduta di Istanbul dalla Torre di Galata
(© Luciano Mortula/Shutterstock)

Finito di stampare nel marzo 2014
da Corpo 16 s.n.c. - Bari
per conto di Fondazione Terra Santa

ISBN 978-88-6240-215-6

A Stefano.
Alla memoria di Lamberto

Le mille voci e le speranze della Turchia contemporanea

di **Antonia Arslan**

Questo libro è una guida preziosa, che ci accompagna con intelligenza fra le onde agitate e spesso ambigue di quel continente affascinante e insieme oscuro, pieno di promesse e di possibilità, ma anche di pericolosi agguati e di misteriose opacità, che è la Turchia odierna, la nazione orgogliosa e – apparentemente – compatta che è nata novant'anni fa dalle ceneri del dissolto impero ottomano.

In realtà, come ben dice il titolo, la Turchia è un mosaico: e questo non tanto per la sopravvivenza, al suo interno, di quelle ormai esigue minoranze cristiane (armeni, greci, siriaci) che apparivano fino a qualche tempo fa addirittura vicine alla totale estinzione, ma per la presenza delle numerose minoranze musulmane come i curdi e gli aleviti, finora soggetti a severe misure di "straniamento" linguistico, culturale, religioso (delle continue rivolte curde nell'est dell'Anatolia si sono spesso occupati giornali e televisioni, fino al caso della cattura del capo del Pkk Abdullah Öcalan, tuttora tenuto in prigionia).

Agile, aggiornata e ricca di informazioni di prima mano, l'opera di Chiara Zappa si distingue prima di tutto per l'affabile, accattivante limpidezza dell'esposizione, divisa in capitoli dai titoli attraenti e intriganti, che invogliano il lettore a entrare in questo vasto panorama dai mille volti e dalle mille voci. In un'unica nazione coesistono la modernità di "Bolis" (come la chiamano i greci), la città cosmopolita dai diversi nomi – Costantinopoli, Bisanzio, İstanbul – che rispecchiano la sua storia millenaria, capace di reinventarsi e di gareggiare con le più importanti metropoli del mondo, e Vakıflı, l'ultimo struggente villaggio armeno del Mussa Dagh coi suoi splendidi frutteti, o l'arcaico fascino del Sud-est anatolico e dei suoi paesaggi fuori del tempo, dei monasteri millenari custodi di tradizioni antichissime.

«L'Anatolia sud-orientale è un luogo dell'anima»: così si apre, per esempio, il capitolo dedicato al Tur Abdin, il "monte dei servitori di Dio", l'altopiano nel cuore dell'antica Mesopotamia, fra pianori verdeggianti e villaggi di pietra, che è la capitale spirituale dei cristiani siriaci, e dove ancora si parla e si prega in aramaico, la lingua di Gesù.

Il taglio più affascinante del libro sta tuttavia nel fatto che, come le cronache dei viaggiatori di un tempo, l'autrice costruisce un resoconto minuto del suo pellegrinaggio attraverso il Paese: vede, dialoga, osserva, riferisce, dà voce e spazio ai suoi interlocutori senza mai sovrapporsi a loro. Ma le tessere del puzzle, pazientemente giustapposte, compongono un tappeto mosso e vibrante di informazioni, opinioni, timori, speranze, in cui le molte anime della Turchia attuale si affiancano in delicato equilibrio fra gli angosciosi residui del drammatico passato culminato nella tragedia epocale del 1915-1922, e le esili ma promettenti pianticelle di speranza, da coltivare con cuore aperto e far crescere con cura.

Il rapporto, in verità, fra la splendida fioritura iniziale del cristianesimo in tutta l'Anatolia – dalla Cappadocia alle coste del Mar Nero, dall'Egeo alla zona del Monte Ararat, culla della civiltà armena, fino agli splendori di Bisanzio e alle corti dei re di Cilicia – e la minimale situazione odierna non potrebbe essere più drammatico. L'illusione kemalista di creare una nazione di sangue omogeneo, purgata della diversità, della ricchezza variegata e composita dei tanti popoli, linguaggi, fedi e costumi che vi si incrociavano, e assoggettata a una "laicità" costrittiva di stile francese, era appunto un'illusione, ma quanto pericolosa! Su di essa, su questi fragili piedi di argilla, ancora oggi si appoggia il possente, muscoloso edificio dello Stato turco.

Ma le certezze scricchiolano. Perché «nessuno, in Turchia, nemmeno il presidente o il primo ministro, può dire di essere un "puro turco", e questo perché, semplicemente, non esistono "puri turchi"», afferma con energia il professor Muharrem Atlığ, segretario della Piattaforma di Dialogo interculturale, espressione del potente movimento di Fethullah Gülen, l'imam veneratissimo che vive negli Stati Uniti (e che oggi sembra tuttavia in rotta di collisione con il primo ministro Erdoğan).

Tutto il Paese è inquieto, e focolai di protesta si accendono sempre più frequentemente, benché il partito al governo, l'Akp, sia ancora saldamente in sella. La lotta politica può essere molto dura: lo dimostrano gli arresti e le re-

pressioni seguiti alle manifestazioni del 2013 per la lottiz-
zazione del Gezi Parkı in Piazza Taksim a İstanbul. E
l'intolleranza e il fanatismo possono produrre frutti avve-
lenati, come gli efferati assassinii di alcuni uomini di
Chiesa (don Andrea Santoro, monsignor Luigi Padovese,
i tre missionari protestanti torturati e uccisi a Malatya), o
la spietata esecuzione del giornalista armeno Hrant Dink,
un giusto che amava la sua terra e sognava di veder riconosciuto al suo popolo il diritto a una vita dignitosa, in
un'atmosfera di rinnovato e concorde dialogo con la maggioranza islamica.

Eppure, pagina dopo pagina, *Mosaico Turchia* dispiega ai
nostri occhi il fascino e la ricchezza culturale ed emotiva
di un Paese giovane e curioso, in rapido sviluppo ma che
non vuole più cancellare o negare la sua grande storia e le
sue radici profonde.

Introduzione

L'obiettivo è il futuro.
E il futuro è possibile solo insieme
Bartolomeo I

L'unica nostra strada deve essere la difesa della convivenza
Hrant Dink

Nel corso dei miei viaggi in Turchia, tante volte mi sono chiesta quale sia il segreto di questa terra, che cosa renda del tutto speciale il suo fascino, capace di scatenare a tradimento la nostalgia solo grazie a un profumo, una foto, la pagina di un libro.

È la superba bellezza di İstanbul, la cui storia millenaria e travagliata impregna le mura di ogni edificio, splendido o logoro? O la suggestione delle pigre pianure anatoliche, che tra paesaggi lunari svelano la meraviglia inattesa di chiese custodite dalla roccia? O ancora sono gli struggenti panorami del profondo Sud-est rurale, la casa dei curdi e dei cristiani siriaci, degli arabi e degli armeni?

La mia risposta ha a che fare con il filo rosso che lega questi luoghi tanto diversi, così come ogni lembo di terra turca. E il filo rosso è la pluralità, l'eredità meticcia co-

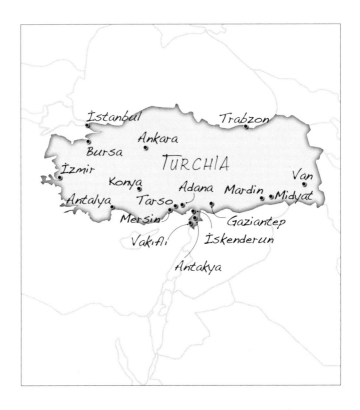

struita in una lunghissima storia di sovrapposizioni, scambi, incroci e fusioni, e che violenze e pulizie etniche non sono riuscite a cancellare. Senza, la Turchia che conosciamo non esisterebbe.

Non esisterebbero i palazzi più maestosi di İstanbul, opera della famosa famiglia di architetti armeni Balyan, né le moschee che ne rendono unico il profilo, come quelle di Fatih e Bayazid, costruite dai greci Christodoulos, e nemmeno "marchi di fabbrica" come l'harem della reggia dei sultani e i minareti di Santa Sofia, progettati dal grande Sinan, incarnazione dell'architettura ottomana, nato cristiano ortodosso.

Non si tratta, naturalmente, solo di opere materiali. Le comunità presenti da millenni in Anatolia, divenute importanti minoranze ai tempi della Sublime Porta, contribuirono in modo decisivo allo sviluppo e alla crescita culturale dell'impero, trasformandosi poi in protagoniste della sua modernizzazione.

Alla fine dell'era ottomana, i cristiani rappresentavano ancora il 30% della popolazione dell'attuale Turchia. Oggi non arrivano a 200 mila. Eppure le loro storie, le loro vite e le loro rivendicazioni contano, più di quanto possa apparire a uno sguardo superficiale. Non solo perché, se nel Paese soffiasse un vento nuovo, i cristiani potrebbero decidersi a fare ritorno nella terra dei loro padri, come in certe zone sta già accadendo. Né perché, infranto finalmente un tabù finora assoluto, la Turchia sta alzando il velo sui tantissimi discendenti di armeni sfuggiti ai massacri del 1915 al prezzo della cancellazione della propria identità. Milioni di persone, forse. Ma non è una questione di numeri. Il punto è che la cultura turca odierna è di fatto la sintesi di apporti diversi che nei secoli hanno forgiato, nonostante la sopravvivenza di specificità identitarie interne, una tradizione comune, tanto che i suoi fattori costituenti – i tasselli del mosaico – non possono più essere separati.

Così, dopo un secolo caratterizzato da efferate purghe etniche e da un ultranazionalismo che ha preteso di sacrificare la pluralità in nome dell'unità nazionale, la storia, come sempre accade, ha presentato il suo conto e oggi il

Paese si trova a elaborare una nuova identità, basata sull'inclusione e sul riconoscimento dei diritti di cittadinanza a tutte le sue componenti. A chiederlo non è solo la comunità internazionale (in prima fila l'Europa, con cui, dall'apertura della procedura per l'adesione all'Ue, Ankara ha avuto un rapporto altalenante e spesso difficoltoso) ma – ciò che più importa – una parte consistente del popolo turco. Quel popolo che, come racconto in queste pagine, non crede più alla menzogna dell'uniformità assoluta, la "purezza turca", e si sta invece scoprendo affascinato dal "mosaico turco". Lo stesso popolo che oggi scende in piazza per rivendicare libertà di coscienza, di espressione, di confronto democratico. Una democrazia moderna che metta in dialogo le differenze e tuteli la cittadinanza, a prescindere dall'appartenenza etnica (resta calda la questione curda), dalla confessione, dalle tendenze politiche.

In altre parole, le stesse istanze portate avanti con caparbietà dai cristiani di Turchia, che da tempo chiedono di essere trattati come cittadini uguali agli altri, con pari diritti e doveri. Ecco perché proprio le comunità cristiane rappresentano oggi sia avanguardie del cambiamento sia "indicatori" viventi della reale svolta democratica nel Paese.

Sono partita così per questo viaggio, alla scoperta dei popoli cristiani dell'Anatolia: ho visitato i loro luoghi e ascoltato le loro storie. E ho scoperto un mondo variegato, affascinante, qualche volta quasi sconosciuto. Ma che, dalle remote campagne o dal cuore pulsante delle metropoli, è pronto a offrire il suo contributo per costruire la Turchia di domani.

İstanbul, la cosmopolita.
I mille volti della Turchia

Un microcosmo sfaccettato

I mille volti della Turchia passeggiano fianco a fianco su İstiklal Caddesi. Nella via principale del quartiere moderno di İstanbul, affollata a tutte le ore del giorno, donne col capo avvolto nel *türban* incrociano professionisti in giacca e cravatta e ragazzini intenti a maneggiare lo smartphone. Soprattutto, il largo viale pedonale percorso dal famoso tram rosso, dalla zona di Galata fino a piazza Taksim, teatro delle proteste antigovernative del giugno 2013, pullula di giovani. Qualcuno passeggia tra le vetrine delle grandi catene globali di abbigliamento, sgranocchiando il tipico pane *simit* dei baracchini ambulanti. Altri distribuiscono volantini sui diritti umani e la libertà di espressione – questa strada è stata al centro delle manifestazioni in difesa del Gezi Parkı –, mentre molti riempiono i caffè e i pub, ma anche le librerie e i negozi di dischi per cui la via è nota. Gli under 30, d'altra parte, sono più della metà della popolazione turca[1] e incontrarli, in questo vivace quartiere sulla sponda europea della città, è particolarmente facile.

Scendendo in direzione di Galata – quello che al tempo dei bizantini era il quartiere dei genovesi – con la coda dell'occhio noto un flusso costante di persone che si infila in un cancello. La targa sul muro recita: *Sent Antuan kilisesi*. E infatti, oltre un largo cortile dove campeggia la statua di papa Giovanni XXIII – monsignor Angelo Roncalli fu delegato apostolico a İstanbul dal 1935 al '44 ed è ricordato con affetto dai turchi[2] –, sorge una grande chiesa neo-gotica dedicata appunto a sant'Antonio da Padova. La gente entra, accende una candela, si sofferma un attimo in preghiera.

«La devozione nei confronti di *Aziz Antuan*, sant'Antonio, è molto forte, tra i cristiani ma anche tra i musulmani». A introdurmi nel sorprendente e sfaccettato microcosmo istanbuliota è padre Giuliano Pista, il superiore della comunità dei conventuali che hanno la responsabilità di questa chiesa. Il frate romeno mi fa notare due ragazze velate raccolte in silenzio su una panca. «In moltissimi vengono a chiedere una grazia al santo, e non si tratta certo solo di

---

[1] L'età media, in Turchia, è di 29,2 anni (con un tasso di natalità di 2,1 figli per donna). Oltre il 67% dei cittadini turchi è compreso nella fascia d'età tra i 15 e i 64 anni (fonte: CIA World Factbook).

[2] A ottobre 2011, a İstanbul è stato presentato il libro di Rinaldo Marmara *Istanbul, incontro di due mondi*, dedicato proprio al ruolo di ponte tra culture svolto da Roncalli negli anni trascorsi in Turchia, e risultato di una ricerca promossa dall'Istituto di Studi Politici "S. Pio V"; il volume è stato pubblicato con il sostegno della Municipalità di Şişli, il distretto cittadino dove si trova la residenza che fu del delegato apostolico.

cattolici! Qui la commistione di etnie, culture e anche fedi è la normalità», continua il sacerdote. «Alla preghiera neo-catecumenale del sabato partecipano cristiani di diverse confessioni, così come alcuni musulmani. E al martedì mattina, prima della Messa in turco, sono numerosi i fedeli islamici che chiedono di parlare con il prete, persino di confessarsi…». Il bisogno di supporto e consiglio, tra le contraddizioni di una società in rapidissimo mutamento, è forte.

Ad ascoltare gli interrogativi e le confidenze di tante persone è padre Anton Bulai, anche lui conventuale romeno (gli altri confratelli vengono da Polonia, Nigeria, Slovenia, Italia). «Ci sono alcuni luoghi speciali, che Dio ha scelto per rivelarci qualcosa: *Sent Antuan* è uno di questi», afferma il frate, seduto nel piccolissimo ufficio-confessionale dalle pareti di vetro, in fondo alla chiesa, in cui accoglie le visite. «Le due ragazze appena uscite sono musulmane alevite[3]: la madre è in ospedale, volevano confidarsi e chiedermi una preghiera», mi spiega. «Come dappertutto, i giovani sono alla ricerca di senso, e molti sono disorientati». Ancor più quelli che vivono in una metropoli come questa – 13 milioni di abitanti –, stretti tra una cultura tradizionale, fondamentalmente patriarcale e dai forti tratti nazionalistici, e l'apertura alla globalizzazione e alla modernità.

---

[3]   Corrente islamica di derivazione sciita, caratterizzata da una fede dai tratti sincretici e dal rapporto libero con la spiritualità. La dimensione della comunità alevita in Turchia non è nota ufficialmente (a causa della tendenza dei suoi membri a non esplicitare la propria appartenenza religiosa per paura di discriminazioni), ma si stima essere molto consistente: tra i 15 e i 20 milioni di persone. Cfr. *infra*, pp. 61-62.

Raggiungo le due ragazze: si chiamano Duggu e Arzu, hanno 28 e 35 anni. «Perché veniamo qui? In questo luogo troviamo pace. Dio è uno solo, non è importante dove lo si prega». Ma non è sconveniente per delle musulmane venire in una chiesa cristiana? «In Turchia molti la pensano così: temono che qualcuno possa tentare di convertirci… Ma è un timore senza fondamento! E poi padre Anton per noi è un amico: è normale che veniamo a trovarlo!».

Come sempre, la spinta all'apertura e all'incontro parte dalle relazioni umane quotidiane. Semplici, come un pezzo di pane. Nella chiesa di *Sent Antuan* è facile notare persone con in mano sacchetti pieni di pagnotte e *simit*. «Sono abitanti del quartiere che ci portano il "pane di sant'Antonio" da distribuire ai poveri», mi spiega padre Anton. «Ci sono cristiani di tutte le confessioni, musulmani… Quella laggiù è una signora ebrea». Ogni martedì, al mattino presto, fuori dal convento si crea una fila di bisognosi, in attesa del loro pacco di cibo. «Il pane non manca mai per nessuno», assicura il frate. E tutti tornano a casa a mani piene, qualunque sia il nome che danno a Dio.

Una lunga storia di meticciato

İstanbul incarna molte delle tendenze, e delle contraddizioni, che bollono sotto il coperchio della società turca oggi. Un Paese che da una parte sembra voler riscoprire la dimensione pubblica della religione – con l'ascesa di un partito di ispirazione islamica, che però ha riconosciuto le prime concessioni alle minoranze da molti decenni a questa parte –, mentre dall'altra si mostra geloso della propria laicità, un marchio impresso alla Turchia moderna dal "padre dei turchi", Mustafa Kemal, fin dalla nascita della Repubblica negli anni Venti del Novecento. Una nazione che ha mosso alcuni passi importanti sul sentiero della democrazia e dove tuttavia la situazione resta critica sul fronte delle libertà d'espressione, dei diritti umani, dell'autoritarismo. E ancora: un gigante che, mentre non smette di bussare alle porte dell'Europa, sta ritrovando con orgoglio la propria eredità "ottomana", di cui il nazionalismo repubblicano aveva per un secolo tentato di sbarazzarsi come di un fardello ormai superato.

Per cercare di andare oltre la superficie di questa metropoli dal fascino mozzafiato, scendo fino al quartiere di Karaköy e da lì mi imbarco su un traghetto che attraversa il Bosforo fino a Üsküdar, nella parte asiatica della metropoli, dove sorge il Centro per gli Studi Islamici Isam. Qui ha un ufficio Nuri Tinaz, sociologo dell'Università di Marmara che al legame tra Stato e religioni in Turchia ha dedicato buona parte delle sue ricerche.

«Per capire il presente di questo Paese dobbiamo tornare alla sua storia», esordisce il professore. «La Turchia moderna è stata costruita sulle ceneri dell'Impero ottomano, dove convivevano decine di etnie diverse. Le minoranze erano definite in base alla loro religione[4], ma avevano un ampio spazio per contribuire alla vita dello Stato. Proprio İstanbul è la testimonianza vivente di que-

---

[4] È il sistema del *millet* ("nazione"), che definiva appunto ogni comunità religiosa come una nazione a sé.

sta presenza: basta girare nei suoi quartieri per imbatter-
si negli splendidi edifici progettati dai famosissimi architetti armeni della famiglia Balyan, che nel XVIII e nel
XIX secolo costruirono palazzi, moschee, chiese per
conto dei sultani[5]. O addentrarsi in zone come Kuzgun-
cuk, dove sorgono ancora, l'una di fianco all'altra, chiese
armene e greco-ortodosse, sinagoghe, moschee, testimonianza di una convivenza oggi quasi scomparsa[6]. Ma
pensiamo anche al ruolo sociale degli ebrei sefarditi fuggiti dalla Spagna». Fu con l'avvento della Repubblica
che le cose cambiarono drasticamente. «Il trattato di
Losanna[7], del 1923, definì le minoranze suddividendole
in "musulmane" e "non musulmane", e tra queste ulti-
me, per un'interpretazione restrittiva del testo, sono
sempre state riconosciute ufficialmente soltanto le comunità armena, ebrea e greco-ortodossa», continua Tinaz. «Per quanto riguarda l'islam, fu presa in considerazione solo la tradizione sunnita, ignorando peraltro la
consistente comunità etnica curda». Per non parlare
della massiccia minoranza di musulmani aleviti, considerati alla stregua di eretici...

---

[5] La famiglia Balyan fu una dinastia di famosi architetti imperiali ottomani che, per cinque generazioni, servirono sei sultani costruendo importanti edifici, soprattutto a İstanbul. Il loro stile univa elementi tradizionali
ottomani a tecniche e stili architettonici occidentali. L'opera più importante
firmata dai membri della famiglia è il palazzo Dolmabahçe, a İstanbul.

[6] Sull'argomento cfr. Mills A., *Streets of Memory. Landscape, Tolerance
and National Identity in Istanbul*, University of Georgia Press, Athens 2010.

[7] Trattato che pose fine alla cosiddetta "guerra d'indipendenza turca"
seguita al crollo dell'Impero ottomano, e che sancì il riconoscimento internazionale della neonata Repubblica.

«La Repubblica si ispirò alla laicità francese, ma applicandola in modo più rigido e autoritario. Ogni ente religioso fu soppresso, comprese le confraternite sufi, e i beni confiscati. Il secolarismo fu imposto dall'alto, senza essere cresciuto naturalmente dalla base, mentre l'islam sunnita fu scelto come collante dell'unità nazionale, ma solo come fattore culturale, in funzione identitaria», spiega il professore.

Una distorsione di fondo che ha continuato a influenzare anche negli anni recenti la vita sociale e politica turca. «I partiti di ispirazione religiosa sono sempre stati visti come una minaccia alla laicità dello Stato, e questa è la ragione del fallimento di esperimenti politici come quello del Partito del benessere di Necmettin Erbakan, a metà degli anni Novanta[8]. Finché, all'inizio degli anni 2000, una nuova generazione di politici islamici moderati, tra cui Recep Tayyip Erdoğan e Abdullah Gül, si staccarono dal partito di Erbakan e diedero vita a una formazione che, nonostante le resistenze dei militari, riuscì ad andare al potere nel 2002 e poi a rafforzarsi sempre di più. Da allora, l'Akp[9] ha fatto alcuni passi per recuperare i rapporti con le minoranze, per esempio avviando il processo di restituzione dei beni confiscati alle Chiese, nonostante forti reazioni sia dalla destra nazionalista sia dalla sinistra laica».

[8] Si tratta del cosiddetto "golpe postmoderno", del 28 febbraio 1997, che portò alle dimissioni dell'allora premier Erbakan, e che è considerato l'ultimo intervento dei militari nella vita civile del Paese. I militari forzarono Erbakan alle dimissioni senza intervenire direttamente con le forze armate, come successo invece nel golpe del 1980. Il premier si dimise in seguito a una riunione del Consiglio di sicurezza nazionale.

[9] *Adalet ve Kalkınma Partisi*, Partito per la giustizia e lo sviluppo.

Secondo il professor Tinaz, tuttavia, l'istanza principale del presente, quella del pluralismo, richiede un cambio radicale di mentalità: «L'identità turca deve essere definita non etnicamente o religiosamente, ma in termini di cittadinanza: questa è la sfida della nuova Costituzione. Un punto considerato fondamentale anche dall'Europa, in vista del possibile ingresso turco nell'Unione». Il quale, però, resta condizionato da alcune grandi questioni: la controversia su Cipro, la solidità della democrazia (senza la tentazione di tornare a cedere all'autoritarismo) e, appunto, la libertà religiosa e i diritti delle minoranze.

I nuovi arrivati

Intanto, İstanbul si trova ad aprirsi anche a un diverso genere di minoranze, quelle rappresentate dai migranti. È un altro mondo quello che si incontra, la domenica mattina, sul sagrato della cattedrale di St. Esprit, nel quartiere di Harbiye: dalla Messa delle 11 escono gruppi consistenti di filippini e africani anglofoni. Grazie a un sorprendente sviluppo economico – nonostante la recente battuta d'arresto aggravata dalle tensioni politiche –, la Turchia sta richiamando un numero crescente di lavoratori immigrati. E la presenza di tanti nuovi cittadini provenienti da lontano, soprattutto in una metropoli dinamica e cosmopolita come İstanbul, tocca da vicino anche la Chiesa cattolica. E così, alla tradizionale molteplicità dei riti – nella Conferenza episcopale sono rappresentati latini, armeni, siriaci e caldei – si aggiunge oggi una varietà di etnie e culture.

«La multietnicità è uno dei volti nuovi della Chiesa turca», spiega monsignor Louis Pelâtre, il vicario apostolico di İstanbul, che incontro nella sede del vicariato[10] a due passi dalla cattedrale, nella via intitolata ad Angelo Roncalli. «Un fenomeno evidente è la diminuzione delle comunità dei "levantini", discendenti degli europei, a causa dell'emigrazione delle giovani generazioni, e la parallela crescita dei fedeli di recente arrivo: africani e asiatici, appunto, ma anche romeni e polacchi», continua il religioso assunzionista francese. «Una realtà che sta cambiando la fisionomia della nostra presenza, anche dal punto di vista dei pastori: oggi abbiamo vari sacerdoti africani, un fenomeno che solo un decennio fa era del tutto assente. D'altra parte rispetto a quarant'anni fa, quando arrivai qui, il Paese stesso ha subito una vera trasformazione». Per accorgersene, sarebbe sufficiente contare i cantieri aperti in questa metropoli, destinata a ospitare le più importanti tra le (controverse) grandi opere messe in agenda dai governi degli ultimi anni, o passare in rassegna i marchi internazionali che hanno aperto le loro sedi in città.

Nella chiesa di Santa Maria in Draperis, gestita dai frati minori su İstiklal Caddesi (sulla parte superiore della facciata, che dà direttamente sul viale, una nicchia racchiude

---

[10]   La Chiesa cattolica in Turchia è composta da tre circoscrizioni ecclesiastiche di rito latino: il vicariato apostolico di İstanbul (con 15 mila fedeli), il vicariato apostolico dell'Anatolia (con circa 4.500) e l'arcidiocesi di Smirne, con oltre 1.300 fedeli. Ci sono poi le comunità di rito orientale legate a Roma: la diocesi di İstanbul degli armeni cattolici (con circa 3.600 fedeli), quella di Diyarbakır dei caldei (con circa 6.000) e il vicariato apostolico dei siro-cattolici (con oltre 2.100).

una statua della Vergine), ha il suo "quartier generale" la comunità cattolica coreana: un gregge di qualche centinaio di persone, soprattutto lavoratori impiegati nei tre grandi gruppi industriali del Paese asiatico (Samsung, Hyundai e Lg), che da queste parti hanno trovato un mercato invitante.

La stessa fraternità francescana, nata nel 2003 per promuovere il dialogo ecumenico e interreligioso in una città dove sono presenti diverse Chiese cristiane storiche (greco-ortodossa, armena, siriaca), oltre a quella protestante nelle varie denominazioni, costituisce di per sé un microcosmo, visto che i frati che la formano arrivano da quattro diversi continenti: insieme al custode, il messicano Ruben Tierrablanca, ci sono un francese, un coreano, un congolese e un argentino.

Hanno invece i lineamenti arabi le persone che noto affluire nel cortile di *Sent Antuan*, la più grande chiesa di İstanbul, e poi scendere alcuni scalini laterali che portano a una grande cappella interrata. Quaggiù, le pareti scrostate riecheggiano di cantilene in aramaico. Ci sono giovani, famiglie, bambini. «Sono cristiani caldei», mi spiega il custode padre Pista. «Si tratta dei rifugiati iracheni: negli ultimi anni non hanno mai smesso di arrivare, a causa dell'instabilità costante della loro terra». A frequentare la chiesa sono circa in cinquecento. «Noi facciamo quello che possiamo per accoglierli, offriamo questo luogo per pregare, ma la loro situazione resta precaria: molti non riescono a ottenere i documenti e quindi non hanno assistenza sanitaria, diritto allo studio né la possibilità di lavorare in modo regolare, il che li rende facile preda della criminalità». Un circolo vizioso di povertà e marginalità. La comunità irachena è tra i beneficiari dell'İstanbul Interparish Migrant Program, un'iniziativa ecumenica di supporto agli immigrati che vivono in condizioni difficili, portata avanti congiuntamente da protestanti, cattolici e ortodossi. Tra i principali animatori del programma è il pastore Benjamin van Rensburg della Union Church, comunità protestante internazionale (è frequentata da fedeli di 40 Paesi), che da oltre 150 anni fa riferimento alla Cappella olandese, sullo stretto vicolo Postacılar, a pochi passi dalla casa del pastore. «Abbiamo vari servizi di assistenza», racconta il gioviale religioso sudafricano, che vive qui dal 2001 con la moglie e le due figlie adolescenti. «Distribuiamo pasti caldi ai richiedenti asilo e ai bisognosi, forniamo abiti e supporto medico, oltre naturalmente al sostegno umano e spirituale», spiega mostrandomi le strutture di accoglienza adiacenti alla sua abitazione, proprio nel centro del quartiere di Beyoğlu. «Come comunità protestante, poi, curiamo un programma specifico per mamme rifugiate con bambini, che vengono soprattutto dalle Filippine e dall'Africa». Non a caso, tra le celebrazioni che si tengono nella Cappella olandese – oltre ai servizi in inglese, in turco e in cinese – c'è quella in amarico, per gli etiopi.

Le sfide aperte

A İstanbul la diversità ha tante facce. Quella dei cristiani europei resta visibile, per esempio, nelle scuole cattoliche, che in città sono undici (soprattutto licei), gestite da religiosi e religiose: Lazzaristi, Fratelli delle scuole cristiane, Salesiani, Religiose di Nostra Signora di Sion, Suore di Ivrea. La stragrande maggioranza degli studenti è oggi di religione musulmana: una realtà che, nonostante le limitazioni burocratiche, favorisce la conoscenza e il rispetto reciproco, anche grazie a iniziative *ad hoc* organizzate per approfondire, alla luce delle diverse fedi, grandi temi come l'educazione o la pace.

È improntato alla condivisione della quotidianità anche lo stile di presenza del movimento dei Focolari. Paola è una giovane italiana che vive in una fraternità del movimento fondato da Chiara Lubich (che qui svolse un'opera importantissima sul fronte ecumenico dei rapporti tra la Chiesa greco-ortodossa e la Santa Sede, favorendo l'incontro tra l'allora patriarca Athenagoras e Paolo VI). «Io ho un lavoro, colleghi e amici turchi musulmani e di ogni fede», racconta Paola. «Con loro condivido la vita di tutti i giorni, i momenti di festa, a volte iniziative culturali e anche di solidarietà, nel segno dei valori comuni».

Ma le sfide aperte, a livello sociale e civile, sono tante. E, nella Turchia in cerca di una nuova identità all'altezza del ruolo che intende giocare nel mondo contemporaneo, non sono più procrastinabili. Tra quelle più urgenti, il vicario Pelâtre identifica riforme costituzionali che «correggano un modello di laicità molto duro, ispirato a quello francese ma reso qui ancora più estremo. Lo stesso riconoscimento giuridico delle Chiese – puntualizza monsignor Pelâtre – è oggi impossibile non a causa dell'islam maggioritario, bensì perché sarebbe contrario alla Costituzione laica del Paese». La Turchia, dunque, non può rappresentare un modello possibile per il Medio Oriente in subbuglio, come qualcuno ha suggerito? «Qui sono stati fatti molti passi avanti, ma restano grandi nodi da affrontare: le leggi sono più liberali della mentalità del popolo».

Che nella vita quotidiana alcune discriminazioni siano ancora una realtà mi viene confermato da vari interlocutori, molti dei quali preferiscono restare anonimi. Parla invece a viso aperto Zeki Aydın, il responsabile delle vendite alla Kitabevi, la libreria della Bible Society che sorge su İstiklal Caddesi. Cristiano siro-ortodosso, 36 anni, Zeki è originario di Midyat, nel tormentato Sud-est del Paese. «Ho lasciato il mio villaggio in seguito al conflitto tra Stato e ribelli curdi», spiega. L'esercito è uno dei contesti in cui gli abusi sono più frequenti: «Un giorno, ci hanno messi tutti in fila per controllare chi di noi non fosse circonciso», ricorda. «Volevano che mi sottoponessi all'intervento, per essere come i miei compagni musulmani, ma mi rifiutai». Fu solo uno dei tanti "no" che ad Aydın sono costati molto. «Qui mi discriminano per la mia fede cristiana, mentre in Europa mi fanno sentire diverso perché pensano automaticamente che in quanto turco io sia musulmano», sospira. «Mi chiedo se al mondo ci sia un posto giusto per me…».

Quello dell'inclusione e del rapporto con la diversità è il grande tema della Turchia contemporanea. Non solo per l'afflusso di stranieri nel Paese, o per le istanze su cui Ankara è pressata in vista di un possibile ingresso nell'Unione europea. La questione è scottante soprattutto per l'esigenza di trovare un nuovo modello di convivenza che includa, con una piena cittadinanza, le numerose mino-

ranze etniche e religiose che da millenni abitano questa
terra: armeni e siriaci, curdi e musulmani aleviti, arabi e
greco-ortodossi. Comunità per troppo tempo percepite
– e auto-percepitesi – come straniere. La diversità che
viene da fuori, insomma, è un'occasione per ripensare
l'atteggiamento della nazione verso la propria diversità
interna, che non può più essere negata.

Comunità	Numero di abitanti
Musulmani	384.910
Greco-ortodossi	152.741
Armeni	149.590
Bulgari	4.377
Cattolico-uniati (armeni)	6.442
Ebrei	44.361
Protestanti	819
Romano-cattolici	1.082
Stranieri e persone di nazionalità "incerta"	129.243
Totale	873.565

Un passato multiculturale: İstanbul, dati demografici ufficiali del 1885
(da Klaus Kreiser, *Storia di Istanbul*, Il Mulino, Bologna 2012)

Cronologia di İstanbul

300.000-5500 a.C.: le testimonianze più antiche della presenza di insediamenti nell'area della Grande İstanbul sono legate a Yarımburgaz e Fikirtepe, tra i siti più antichi del Vicino Oriente.

4500-3500 a.C.: risalgono al tardo Calcolitico le più antiche tracce di insediamenti umani nell'area del "centro storico": la penisola che si protende nel Bosforo con la sua estremità orientale, Sarayburnu (Punta del Serraglio), occupata dai quartieri moderni di Sultanahmet e Eminönü.

685 ca. a.C.: coloni provenienti da Megara, nella Grecia centrale, fondano Calcedonia, attuale Kadıköy.

660-658 a.C.: compare per la prima volta il toponimo Byzanz, di origine trace, per indicare una colonia anch'essa di origine megarica[1].

fine IV sec. a.C.: il sovrano macedone Lisimaco si impadronisce della città e conia le prime monete di bronzo con inciso il nome *Byzantion*.

69-79 d.C.: sotto Vespasiano la città viene annessa *de iure* all'Impero romano.

---

[1] La leggenda, riportata da Strabone, vuole che l'Oracolo di Delfi abbia consigliato all'ecista Byzas di fondare la nuova città facendo "l'opposto dei ciechi" (*apenantion ton typhlon*): giunto in prossimità di Calcedonia, che già esisteva da alcuni anni, Byzas si meravigliò che fosse stata fondata lì (ritenendola una scelta appunto "cieca") e scelse la riva opposta, decisamente migliore per la posizione e per le correnti, che rendevano più facili le comunicazioni e più proficua la pesca.

193-211: sviluppo della città con l'imperatore Settimio Severo, che la ribattezza *Colonia Antonina*.

11 maggio 330: consacrazione di Costantinopoli. Costantino il Grande, dopo avere assediato la città durante la guerra contro Licinio, la conquista e la rifonda con una solenne cerimonia, nella quale l'imperatore si presenta come novello Romolo nell'atto di fondare la Nuova Roma.

IV sec.: nei testi dei retori compare la denominazione di Nea Rhome.

360: consacrazione della "Chiesa Grande", la prima sul sito della futura *Hagia Sophia*, Santa Sofia.

380: Teodosio I il Grande riceve il battesimo e il cristianesimo "cattolico" (allora sinonimo di "ortodosso", nel significato di "retta dottrina" contrapposta alle eresie) diventa la religione di Stato.

527: ascesa al trono di Giustiniano.

532: rivolta di *Nika*, dal grido "nika!", "vinci!". Attorno a questo slogan, utilizzato dalle tifoserie delle squadre di aurighi, si coalizza la popolazione urbana: la rivolta è espressione del malcontento sociale contro la politica di austerità fiscale dell'imperatore, la cui durissima reazione provoca, secondo alcune fonti, più di 30 mila morti.

27 dicembre 537: consacrazione di Santa Sofia, con una processione solenne guidata dallo stesso Giustiniano.

VI-VII sec.: le vesti in seta tinte di porpora, fiore all'occhiello dell'industria tessile della città, diventano uno dei simboli del lusso bizantino.

VII sec.: si profila la minaccia di Avari e Arabi.

718: fallimento dell'assedio da parte degli Omayyadi.

VIII-IX sec.: gran parte dell'arte sacra presente nelle chiese della città cade vittima del movimento iconoclasta.

X-XI sec.: intense relazioni diplomatiche col mondo arabo e con le principali potenze mercantili italiane: Amalfi, Pisa, Genova e soprattutto Venezia.

XI-XIII sec.: secoli di splendore nella storia di Bisanzio. Le dinastie dei Comneni e dei Paleologi patrocinano complessi monastici sempre più grandi.

1095: la richiesta di aiuto inviata in Occidente da Alessio I Comneno provoca il celebre appello di Clermont-Ferrand, con cui papa Urbano II bandisce la prima crociata.

1096-7: arrivano 50-60 mila *peregrini* armati e 30 mila disarmati. Dopo un'iniziale buona accoglienza, Alessio I, in seguito a disordini e intemperanze degli occidentali, li trasporta sull'altra sponda del Bosforo, dove sono rapidamente sconfitti dai Selgiuchidi.

1204: dopo altre due crociate, che contribuiscono ad accentuare i sospetti dei Bizantini, la quarta si conclude con la conquista della città. I crociati, con una flotta al comando del doge Enrico Dàndolo, espugnano la torre di Gàlata[2] e distruggono il Palazzo delle Blacherne, allora residenza imperiale[3]. La popolazione si vendica dando alle fiamme case e magazzini dei Latini residenti in città; a questo punto i crociati, come scrive Roberto de Clari nella sua cronaca, «decisero che si trattava di una guerra giusta» e il vescovo latino disse che l'attacco «non sarebbe stato un peccato, ma una buona azione».

1204-1261: dominazione latina. Sopravvive l'Impero di Nicea, dove risiedono in esilio l'imperatore e il patriarca greco-ortodosso.

1261: Michele VIII Paleologo pone fine all'occupazione latina. Nello stesso anno concede ai Genovesi l'accesso al Mar Nero e Gàlata diventa la loro principale base commerciale.

---

[2] L'origine del nome è incerta: può darsi derivi dai Gàlati, popolazione di stirpe celtica che lì si era stanziata in passato.

[3] Prende il nome dal veneratissimo santuario di Blacherne, luogo privilegiato della devozione mariana, dove erano conservate la celebre icona miracolosa della *Theotokos* e due sue reliquie, il Velo e la Cinta.

1394-1402: assedio da parte di Bayezid I, fallito a causa della sconfitta da lui subita contro i Mongoli di Tamerlano.

29 maggio 1453: Mehmed II espugna la città. Le ambascerie inviate dall'imperatore Costantino XI Paleologo rimangono infruttuose. Secondo alcuni storici, gli ultimi bizantini videro «nella dominazione musulmana un'alternativa preferibile all'essere controllati dall'occidente cattolico, dal momento che i turchi, per quanto infedeli, erano nondimeno pronti a tollerare la fede ortodossa»[4].

1453-1789: Bisanzio viene trasformata in città islamica e, poco a poco, cambia il proprio nome: Mehmed II usa, nei documenti ufficiali, la forma arabizzata diffusa nel mondo musulmano (*Kustantiniya* o *Kostantiniye*), mentre *İstanbul* – forma ampiamente documentata già prima del 1453 e derivante dal greco *(ei)s ten poli(n)*, "verso la città" – si afferma prevalentemente nella comunicazione orale, insieme ad *Astanbul* e *Stambul*. Nel 1453 Santa Sofia viene convertita in moschea.

1520-1566: regno di Süleyman I il Magnifico (in turco *Kanuni*, il Legislatore): periodo di massima espansione del potere ottomano e di stupefacenti opere artistiche e architettoniche.

1730: rivolta urbana innescata dall'ex giannizzero albanese Patrona Halil. Il corpo dei giannizzeri sarà cancellato nel 1826.

1789-1807: periodo di riforme sotto Selim III.

1836: primo ponte sul Corno d'Oro.

1839-1876: periodo delle *Tanzımat* (da *tanzimat hariye*, "benefiche riforme"): modernizzazioni importanti riguardano l'istruzione e l'amministrazione municipale.

1908: rivoluzione dei Giovani Turchi.

[4] Harris J., *La fine di Bisanzio*, Il Mulino, Bologna 2013, p. 9.

1914-8: l'Impero ottomano si schiera a fianco degli imperi centrali nella prima guerra mondiale.

24 aprile 1915: prima retata di intellettuali armeni in città. Gli arresti proseguono nei giorni seguenti: in un mese più di mille tra giornalisti, scrittori, poeti e perfino delegati al Parlamento sono deportati e massacrati. In questa data la comunità armena commemora ufficialmente l'inizio del genocidio.

23 novembre 1918: parata del comandante francese nella Grande Rue de Péra (l'attuale İstiklal Caddesi) pavesata di bandiere greche.

1918-22: occupazione della città da parte degli Alleati.

1922: fuga dell'ultimo sultano, Mehmed VI Vahideddin, accusato di tradimento dall'Assemblea Nazionale.

1923: trasferimento del governo ad Ankara e proclamazione della Repubblica (29 ottobre).

1927: Mustafa Kemal Atatürk visita İstanbul dopo otto anni di assenza.

1934-5: la moschea di Santa Sofia viene trasformata in museo.

1942: viene introdotta la *Varlık Vergisi*, un'imposta sulla proprietà che colpisce duramente i detentori di potere commerciale e immobiliare: soprattutto armeni, ebrei e greci.

1955: "fatti di settembre": in città si verificano gravi violenze contro le minoranze, in particolare greci, armeni ed ebrei.

1960: colpo di Stato dei colonnelli. Il primo ministro Adnan Menderes è condannato a morte.

1968-80: anni della polarizzazione destra-sinistra e di continue violenze politiche.

1994: Recep Tayyip Erdoğan è eletto sindaco. Nel 2003 diverrà primo ministro.

2004: inizio dei lavori per il progetto Marmaray, ferrovia suburbana che includerà un tunnel sotto lo stretto del Bosforo ed è il simbolo della politica di grandi opere di Erdoğan.

2008: nell'ex porto di Yenikapı, durante la costruzione della ferrovia, inizia un'importante campagna di scavi archeologici.

2010: İstanbul è Capitale europea della cultura.

2013: proteste popolari a Gezi Parkı e a piazza Taksim contro una crescente islamizzazione della società e una deriva autoritaria del governo Erdoğan.

Le rose di Vakıflı.
L'epopea degli armeni

Un angolo di paradiso

La strada che porta a Vakıflı s'inerpica sul monte, tra boschi di pini e frutteti rigogliosi. Un saliscendi dolce, che di tanto in tanto, quando la vegetazione lascia spazio allo sguardo, regala un colpo d'occhio splendido sulla costa del Mediterraneo. Una manciata di chilometri più a sud corre il confine con la Siria. L'Hatay è un lembo di terra nell'Anatolia meridionale, per anni conteso tra i due Paesi, che attualmente corrisponde alla provincia turca con capoluogo Antakya[1].

Prima di arrampicarsi sul monte si incontra Samandağ, l'antica Seleucia di Pieria da cui Paolo di Tarso, duemila anni fa, salpò per il suo primo viaggio missionario. Poi si

---

[1] Hatay è il nome dato dai turchi (dal novembre 1936) al sangiaccato di Alessandretta, conteso alla Siria e diventato nel 1939 parte integrante della Turchia, di cui ora è provincia (*vilāyet*) – 5.831 km² con 1.293.000 abitanti nel 2005 – con capoluogo Antakya. Il territorio comprende la sezione più esterna della catena del Tauro; la popolazione è formata da arabi, turchi, armeni e, in minor misura, curdi e circassi. Per la sua posizione ha un'importanza commerciale notevole, anche perché il golfo di Iskenderun offre un ancoraggio ampio e sicuro.

comincia a salire, in un angolo di paradiso baciato dal sole dove è facile coltivare pesche, albicocche, agrumi. L'orgoglio di Vakıflı sono le arance e i roseti. Oltre alla storia, s'intende. Perché il monte su cui ci troviamo è il mitico Mussa Dagh, e questo paesino di 150 anime è l'ultimo villaggio armeno della Turchia: uno dei sei che, nell'estate del 1915, resistette per 53 giorni all'assedio delle truppe ottomane venute per deportare gli abitanti, finché una nave francese scorse dal mare il telo bianco su cui i superstiti, allo stremo, avevano cucito una croce rossa e li portò in salvo.

Questo è uno dei luoghi che, in Turchia, conserva viva la memoria del terribile lutto di cui fu vittima il popolo armeno negli anni della prima guerra mondiale: il *Metz Yeghern*, il Grande Male, il primo genocidio del Novecento (vedi scheda).

L'epopea degli armeni del "Monte di Mosè", resa celebre dal romanzo di Franz Werfel *I quaranta giorni del Mussa Dagh* (uscito nel 1933), ebbe tante altre pagine: il ritorno nei propri villaggi, alla fine della guerra, e poi un nuovo esodo nel '39, quando la Francia scambiò la neutralità di Ankara nella seconda guerra mondiale con quest'appendice di terra (il sangiaccato di Alessandretta), da allora turca. La maggior parte degli abitanti partì in cerca di una nuova vita in Europa, America e soprattutto in Libano: i loro discendenti abitano ancora la Valle della Bekaa. Qualcuno, però – un piccolo drappello di persone, i tenaci e orgogliosi abitanti di Vakıflı – decise di non andarsene più. «La mia famiglia è sempre rimasta qui, dove tutti noi abbiamo le nostre radici», racconta con orgoglio Elena.

Avrà vent'anni. La incontro fuori dalla chiesa di *Surp Asdvadzadzin*, Santa Madre di Dio, in cima alla salita dove si trova il minuscolo centro del villaggio. «Tradizionalmente noi siamo i custodi della chiesa», racconta Elena. Un impegno che è diventato più consistente dal 2002, quando padre Serovpe, l'ultimo sacerdote nativo, è mancato. Il patriarca armeno di İstanbul non ha trovato un nuovo prete da mandare quassù. «Da allora un sacerdote viene in visita di tanto in tanto, per celebrare la Messa, ma della parrocchia si prende cura il consiglio pastorale».

Inventarsi un futuro

È difficile immaginare la vita quotidiana – e ancor più un futuro – per un giovane, a Vakıflı[2]. L'ultima scuola ha chiuso i battenti all'inizio degli anni Novanta. Per trovare un minimo di vita sociale e di opportunità bisogna scendere a Samandağ o spostarsi ad Antakya, a 30 chilometri da qui. Ma in molti, negli ultimi anni, hanno scelto di partire per la grande città, İstanbul, dove il boom economico è palpabile e la vita per le minoranze più facile, o addirittura per l'estero. La Germania, soprattutto, già dagli anni Settanta è terra della speranza per milioni di turchi.

---

[2] Si intitola "Una comunità che si restringe. L'ultimo villaggio armeno di Turchia" il progetto che il fotografo turco Sait Serkan Gürbüz e la scrittrice americana Caroline Trent-Gürbüz hanno dedicato a Vakıflı. La coppia ha trascorso tre settimane nel paesino sul Mussa Dagh raccogliendo immagini e storie per testimoniare la vita quotidiana dei suoi abitanti. «Se il villaggio sopravviverà nei prossimi 50 anni non si sa – spiegano gli autori del progetto (cfr. www.vakifli.com) –. Questo lavoro rimarrà come testimonianza di persone dai sogni semplici e dai grandi cuori».

Fino all'inizio del Novecento, in Anatolia vivevano due milioni di armeni. Oggi, in tutta la Turchia, sono circa 50mila. Conseguenza dei massacri e delle deportazioni di massa all'indomani della prima guerra mondiale, ma anche di decenni, dopo la nascita della Repubblica, in cui il nazionalismo estremo, che considerava l'islam parte integrante dell'identità turca, ha reso la vita difficilissima in particolare per le minoranze cristiane, quella armena in testa.

A Vakıflı, oggi, abitano in maggioranza anziani o persone di mezza età: quelli che non hanno mai voluto andarsene e quelli che, partiti anni fa, non hanno resistito al richiamo delle radici e sono tornati al villaggio una volta raggiunta la pensione. Nel pomeriggio, si ritrovano ai tavolini del "giardino del tè", il bar locale, dove si gioca a *backgammon* sorseggiando bicchierini di *rakı*, l'immancabile acquavite all'anice. Un quadro che si rivoluziona poche settimane all'anno, d'estate, quando gli emigrati vengono a trascorrere qui le vacanze. La popolazione raddoppia, le stradine lastricate di pietra si riempiono di nuovo di bambini, la vita ritorna. Ad agosto, pullman pieni di armeni, anche della diaspora, arrivano in pellegrinaggio per la festa dell'Assunzione. Dopo la celebrazione e la tradizionale benedizione dell'uva, l'intero paese si riunisce attorno ai pentoloni fumanti in cui per tutta la notte è stata cotta l'*harissa*[3], e continua a festeggiare fino a sera, quando in piazza le ragazze danzano vestite degli abiti tradizionali.

---

[3] Piatto tipico armeno originario dell'Ararat, a base di carne stufata e farina. Considerato il piatto nazionale armeno, è noto per aver aiutato gli abitanti del Mussa Dagh a sopravvivere durante la resistenza del 1915.

Così la comunità cerca di mantenere viva un'identità in pericolo. Ma per inventarsi un avvenire, in un villaggio dove non si celebra un matrimonio da 16 anni e i bambini faticano a parlare la lingua dei nonni (l'unica scuola dove potrebbero studiare l'armeno si trova a İstanbul...), servono opportunità concrete. A cominciare dal lavoro. E allora, Vakıflı ha deciso di valorizzare la sua eccellenza: la frutta. Qualcuno ha intuito che, per un'Europa affamata di cibo biologico, le arance coltivate da secoli sui tipici terreni terrazzati senza pesticidi o fertilizzanti chimici potevano trasformarsi in prodotti strategici. I primi contatti con i possibili esportatori risalgono a una decina d'anni fa. Oggi, l'intero villaggio è certificato come "organico" e le arance di Vakıflı si vendono nei mercati di Regno Unito, Germania, Paesi Bassi. Certo, i margini di guadagno sono limitati. Ma il nuovo corso della Turchia, con la crescita economica ma anche alcune politiche volte a mandare qualche segnale di distensione alle minoranze religiose, ha raggiunto le colline del Mussa Dagh. Il rilancio agricolo è stato supportato dal governo, e ora l'amministrazione regionale ha elaborato un piano di sviluppo dell'eco-turismo che include la ristrutturazione degli edifici storici per creare una pensione, un ristorante e un nuovo caffè. Anche la chiesa di *Surp Asdvadzadzin* è stata restaurata con l'aiuto del governo, come spiega una targa sul muro (scritta in armeno). A fianco, un minuscolo emporio vende prodotti, dalle marmellate ai liquori tradizionali, realizzati dalle donne del villaggio; come Kuhar, che mi offre un vasetto di confettura locale.
È vero, gli adolescenti scalpitano per orizzonti più vasti. Vartan, 14 anni, ama suonare gli strumenti tradizionali

armeni ma ancor più «andare in motorino», mentre la quindicenne Anus sogna di diventare avvocato e spiega che «Vakıflı è bella, ma la vita qui mi va stretta». Ma ci sono anche giovani come Viken Kartun, che ha convertito l'attività familiare di coltivazione degli agrumi in un *business*, e spera che questo rilancio agricolo basti a non far scomparire il villaggio. Intanto, la sua prima preoccupazione è mettere su famiglia: «Trovare moglie, quassù, è difficile. Ma andarmene lo sarebbe ancora di più».

Gli armeni sommersi

La questione armena, in Turchia, non riguarda solo la conservazione della memoria nelle regioni sottoposte alla pulizia etnica di un secolo fa. Essa si intreccia con il grande tema dell'identità turca: un tema pervasivo e cruciale, in un Paese la cui pluralità è stata negata per un intero secolo. Per approfondirlo sono tornata a İstanbul, dove ho fissato un appuntamento con la nota scrittrice e avvocatessa Fethiye Çetin.

«Ho deciso di raccontare le storie dei "nipoti" perché la Turchia guardi finalmente in faccia il suo passato e si riconcili con il suo presente, che è più meticcio di quanto non abbiamo mai ammesso», esordisce. Fethiye – che tra l'altro è la legale della famiglia del giornalista armeno Hrant Dink, ucciso da un fanatico nel 2007 – ha scoperto soltanto da adulta di essere lei stessa una "nipote". Di discendere, cioè, da una sopravvissuta al genocidio armeno del 1915, risparmiata da bambina a una "marcia della morte" e data poi in moglie a un turco e islamizzata.

La nonna di Çetin faceva parte di quelle persone che in Turchia vengono definite – sottovoce e a volte con disprezzo – "i resti della spada". Donne e bambine, soprattutto, la cui vita veniva salvata ma a patto di cancellare il proprio nome, la propria storia, in una parola la propria identità. Persone diventate poi mamme e nonne, spesso solidi pilastri delle loro famiglie – turche e musulmane –, che per una vita intera avevano dovuto "dimenticare" chi erano state. Fino ad oggi.

«La pubblicazione del mio primo libro, nel 2004, sollevò un polverone nell'opinione pubblica», racconta la scrittrice, seduta in un ufficio della casa editrice alternativa Metis kitap ("Metis" nel senso di "meticcio", guarda caso…). «In poco tempo furono fatte sette ristampe di *Anneannem*[4]: evidentemente, la gente era stufa di bugie e silenzi». Il velo dell'ipocrisia era stato sollevato. E gli effetti di questo terremoto non tardarono a farsi sentire: «Centinaia di persone cominciarono a scrivermi, per confidarmi le storie delle loro famiglie. Famiglie diversissime – a partire dall'appartenenza etnico-culturale, dalla turca alla curda, all'alevita –, ma con in comune un sospetto o una certezza: nelle loro vene scorreva sangue armeno». Una verità che per quasi cento anni era rimasta un segreto di famiglia. Celato all'esterno e spesso anche tra le mura domestiche, fatto di argomenti tabù e sospetti repressi, domande non poste e risposte non date. Con qualche eccezione, che ha permesso di non cancellare totalmente la memoria, in particolare

---

[4]   In italiano *Heranush, mia nonna*, Alet, Padova 2007 (a cura e con introduzione di Antonia Arslan).

nel ramo femminile delle famiglie: a volte la verità veniva sussurrata dalle madri all'orecchio delle figlie, buttata lì quasi per caso alle nipoti da nonne esasperate da una vita di "autocensura". Proprio come successe a Fethiye Çetin.

La menzogna della "purezza etnica"

«Quella rivelazione mi sconvolse la vita e la cambiò per sempre: per me c'è un "prima" e un "dopo" la scoperta della storia di mia nonna», racconta l'avvocatessa, che è anche portavoce del "Gruppo di lavoro sui diritti delle minoranze". E aggiunge: «La stessa esperienza tocca oggi centinaia di migliaia di famiglie turche, a cui ho sentito il bisogno di dare voce». È nato così *Torunlar* ("I nipoti"[5]), l'ultimo libro di Fethiye, scritto insieme all'antropologa Ayşe Gül Altınay, giovane docente all'università Sabancı di İstanbul. L'opera è il frutto di moltissime interviste – nel libro ne sono confluite 24 – realizzate dalle due autrici nell'arco di cinque anni. Si tratta di testimonianze sconvolgenti, che offrono un quadro delle contraddizioni e delle ferite aperte nella società turca, attraverso le vicende e i travagli dei protagonisti: l'improvvisa confusione sulla propria identità, i sentimenti contrastanti nei confronti della propria famiglia – a seconda dei casi senso di colpa o frustrazione, rabbia o vergogna – e la paura a condividere il segreto con i parenti, gli amici e l'intera società.

---

[5]   Il libro, uscito nel 2009, al momento è ancora inedito in Italia. È disponibile nell'edizione francese di Actes Sud con il titolo *Les Petits-enfants* (2011).

«Le reazioni dei singoli sono personali e diversissime – spiega Fethiye –, ma per tutti noi vale un elemento comune: una volta scoperto che i nostri nonni appartenevano a un altro gruppo etnico o religioso, non è più possibile continuare a considerare tale gruppo "nemico", come ci era stato insegnato. E ci si rende conto che il *diktat* nazionalista sulla purezza etnica dei turchi non è altro che un'enorme menzogna».

Una menzogna coltivata tuttavia anche nei contesti più insospettabili. «Solo dopo la rivelazione sulla mia storia familiare ho cominciato a rileggere con occhi diversi tanti particolari, come certe espressioni razziste di uso quotidiano, e mi sono resa conto che alcuni pregiudizi e stereotipi erano diffusi persino in seno all'opposizione rivoluzionaria di sinistra di cui io facevo parte», afferma.

Ma perché è così difficile voltare pagina? Decido di girare la domanda a Rober Koptaş, attuale direttore del settimanale turco-armeno *Agos*. Raggiungo la sede della testata, nel quartiere di Osmanbey. Proprio fuori da questo edificio, il 19 gennaio del 2007, un giovanissimo fanatico islamista freddava a colpi di pistola il giornalista Hrant Dink, fondatore di *Agos* e sostenitore di una riconciliazione in seno alla coscienza collettiva turca, che proprio in quegli anni cominciava a confrontarsi apertamente con le ferite del passato, a cominciare dal "grande male" armeno.

Un omicidio che provocò enorme sgomento nel Paese, e che segna senz'altro un momento di svolta nella presa di coscienza pubblica dell'urgenza di affrontare le ambiguità che ancora intrappolavano il dibattito nazionale, sul passato ma anche sul presente. Ai funerali del giornalista, per la prima volta nella storia turca, un corteo di oltre 100mila cittadini sfilò lanciando slogan per la riconciliazione e mostrando cartelli che riportavano la frase: "Siamo tutti Dink, siamo tutti armeni".

Fu meno di un anno dopo che un gruppo di 300 noti intellettuali turchi sottoscrisse una lettera aperta diffusa via Internet in cui, pur senza citare la parola "genocidio", si chiedeva pubblicamente scusa per il massacro del popolo armeno. «La mia coscienza – si legge nell'appello – non accetta il diniego della Grande catastrofe. Respingo questa ingiustizia e simpatizzo con i sentimenti e la pena dei miei fratelli armeni. Mi scuso con loro»[6]. In meno di ventiquattr'ore la lettera raccolse 2.500 adesioni, che dopo un mese erano già diventate più di 27mila.

Prendere posizione su questo tema scottante richiede ancora coraggio, in Turchia: in questi anni, proprio per aver evocato il primo genocidio del Novecento, importanti scrittori come il Nobel Orhan Pamuk e Elif Şafak sono incorsi nell'accusa di "insulto all'identità turca", il reato previsto dal famigerato articolo 301 del codice penale (lo stesso Dink nel 2005 era stato condannato a sei mesi di reclusione per suoi articoli sui fatti avvenuti tra il 1890 e il 1917, proprio per aver infranto l'articolo 301). Anche Rober Koptaş, che mi accoglie affabile nel suo ufficio di Osmanbey, non è sfuggito a questa insidia: insieme al giornalista Ümit Kivanç è stato inquisito per presunto "insulto all'identità turca" in seguito a un interven-

---

[6]   Il testo dell'appello, in varie lingue, è disponibile sul sito www.ozurdiliyoruz.com

to televisivo in cui i due commentavano le controverse tappe dell'iter giudiziario sull'omicidio di Dink[7]. Un telespettatore aveva fatto ricorso contro le loro affermazioni in trasmissione, definendole «insultanti», e aggiungendo che «chiaramente i due devono essere armeni».

Una vicenda che, per l'ennesima volta, dà l'impressione di un Paese spaccato a metà, tra chi vorrebbe aprire un dibattito sereno e rinegoziare in senso democratico e inclusivo l'identità turca, e chi non rinuncia a trincerarsi in un'auto-percezione esclusiva, secondo una dinamica in cui gli estremi dell'ultranazionalismo e del fanatismo islamico finiscono a volte per toccarsi.

Ma un vento nuovo ha cominciato a soffiare, dal Bosforo all'Anatolia.

Il vento del cambiamento

«In Turchia vedo ancora delle ombre, ma anche alcune luci, che mi fanno sperare», esordisce Rober Koptaş, seduto davanti a un arazzo colorato che riporta ricamate le lettere dell'alfabeto armeno. «Fino a pochi anni fa, nel discorso pubblico, i non musulmani erano sempre stati definiti come nemici, mentre le minoranze, anche quelle islamiche che non erano state assimilate nel corso dei decenni, subivano continue pressioni legali, sociali e religiose». Il giornalista spiega: «Ogni cittadino turco è cresciu-

---

[7] Una sentenza del 17 gennaio 2012 escludeva il coinvolgimento di una rete criminale (lo "Stato profondo") nell'omicidio di Dink, sentenza poi ribaltata dalla suprema corte d'appello a gennaio 2013.

to subendo un rigido indottrinamento nazionalista. Negli anni della Guerra fredda quest'impostazione è stata accettata anche dalla comunità internazionale, che vedeva nella Turchia una barriera all'espansione del comunismo, ma dopo la caduta del muro di Berlino il Paese si è indebolito e l'Europa ha cominciato a operare pressioni perché si compisse un avanzamento democratico». Queste dinamiche, secondo Koptaş, «hanno spinto i turchi a cominciare a riflettere sulla propria identità e le minoranze, nonostante la paura che ancora si respirava in conseguenza del giro di vite autoritario degli anni Ottanta, hanno iniziato a esprimere pubblicamente le loro peculiarità, per esempio con la richiesta di poter utilizzare la propria lingua e avere scuole comunitarie. Rivendicazioni che hanno provocato costanti reazioni da parte dello Stato centrale e dei gruppi nazionalisti, fino a una decina d'anni fa». Poi, qualcosa si è mosso.

«Di recente – continua il direttore di *Agos* – la mentalità collettiva ha cominciato a cambiare. Oggi abbiamo più occasione di esprimerci liberamente e di influenzare i circoli intellettuali turchi, al cui interno molti stanno portando avanti un lavoro di autocritica e di difesa dei diritti di tutti». Nonostante le molte contraddizioni del presente, «va riconosciuto uno sforzo per andare verso una vera democrazia».

Che ruolo ha avuto in questo processo l'emergere del partito islamico Akp di Recep Tayyp Erdoğan? «L'Akp rappresenta davvero una larga fetta della società, quella classe media religiosa moderata che non vuole rinunciare alla propria identità islamica, e che prima non era mai stata ascoltata», sostiene il giornalista. «Sebbene il concetto di "tolleranza" verso le diverse fedi non sia ancora l'approccio ideale, tuttavia apprezzo il fatto che questo islam consideri normale rispettare gli altri e la libertà di religione. Anche le semplici parole, come quelle del premier che ha espresso "rimpianto" per le ingiustizie subite dalle minoranze nella nostra storia, hanno un peso e un impatto forte sull'opinione pubblica musulmana».

Come mai, allora, la società procede a strappi, senza riuscire a compiere una svolta decisa rispetto al passato? «L'ideologia nazionalista ci ha plasmati tutti fin dalla più tenera età, anche nell'inconscio», sospira Rober. «Siamo cresciuti con questo lavaggio del cervello: basti pensare che in un libro di testo per un bimbo di sette anni ci sono centinaia di bandiere turche e altrettante foto di Atatürk!». Per seminare il cambiamento, in Turchia, bisogna cominciare proprio dall'istruzione e dalla cultura. Me lo conferma Ayse Gül Altınay, l'antropologa coautrice di *Torunlar*: «La mia presa di coscienza sulla questione armena è avvenuta negli ultimi anni, appunto dopo essermi imbattuta in alcuni eventi culturali di fronte ai quali non sono potuta rimanere indifferente», racconta la giovane studiosa. «All'inizio ci fu la pubblicazione, nel 2004, di alcuni libri, tra cui quello di Fethiye Çetin sulla storia di sua nonna e il "memoir" *Sofranız Şen Olsun* di Takuhi Tovmasyan[8], la cui lettura mi colpì profondamente. Poi la dibattutissima conferenza sulla questione armena te-

---

[8] "Possa la tua tavola essere allegra", Aras Yayıncılık editore, İstanbul.

nutasi nel 2005 all'università Bilgi di İstanbul, pur tra posticipi e polemiche[9]». E ancora: «L'esposizione di cartoline postali sulla presenza degli armeni nel Paese fino al 1915[10], che mi forzò ad aprire gli occhi su una realtà che non poteva più essere nascosta». L'impatto sperimentato da Ayse Gül non fu certo isolato, se è vero che la mostra, allestita nel 2005 da Osman Köker, fu prolungata di mesi per il massiccio afflusso di pubblico.

Più recentemente, nel 2012, è stato Hasan Cemal, editorialista del quotidiano *Milliyet*, noto scrittore e nipote di Djemal Pasha, leader dei Giovani Turchi considerato uno dei maggiori responsabili del massacro degli armeni, a infrangere il tabù di chiamare gli eventi storici con il loro nome: nel suo libro dall'eloquente titolo *1915: Ermeni Soykırımı* ("1915: il genocidio armeno", Everest Yayinlari editore) afferma che le mattanze di inizio Novecento si inquadravano in un preciso piano di sterminio. Cemal, in passato ostile al riconoscimento delle atrocità subite dai cristiani di Turchia, ha attraversato un profondo percorso personale segnato dalla morte dell'amico Hrant Dink[11].

È dalla singola coscienza di ogni cittadino turco, dalle storie personali finalmente condivise, dai rapporti di amicizia,

---

[9]   Particolarmente significativo è il fatto che, nel novembre del 2013, l'Università del Bosforo a İstanbul abbia ospitato una conferenza di tre giorni, organizzata in collaborazione con la Hrant Dink Foundation, in cui si è discusso apertamente il tema degli "Armeni islamizzati".

[10]   Si tratta dell'esposizione "Sireli Yeghpayrs" ("Mio caro fratello").

[11]   Nel marzo 2013 Hasan Cemal ha infine deciso di lasciare il quotidiano *Milliyet*.

che oggi, in un clima culturale nuovo e tra le giovani generazioni che si inseriscono in un più vasto contesto globale, sta sbocciando un sentire differente. I cui frutti, lentamente, cominciano a vedersi. A livello privato – non sono poche le famiglie che in questi anni, scoperte le loro origini armene, hanno chiesto di ricevere il battesimo – e pubblico. Nel settembre del 2010, sull'isola di Aktamar nel lago di Van, a est del Paese ai confini con l'Armenia, dopo 95 anni fu celebrata l'eucaristia nella chiesa della Santa Croce. Un evento che l'arcivescovo Aram Atesyan, vicario del patriarca armeno, nell'omelia definì "un miracolo".

Un anno dopo, a Diyarbakır, capitale virtuale del Kurdistan turco (nel Sud-est del Paese), città un tempo multiculturale e che ha a sua volta una dolorosa memoria di sangue, veniva celebrata una Messa inaugurale per la riapertura al culto della chiesa armena di *Surp Giragos*. Il giorno dopo la celebrazione, nel massimo riserbo, veniva somministrato il battesimo ad alcuni cripto-armeni le cui famiglie avevano vissuto per generazioni come musulmane sunnite.

Il 24 aprile 2013, nel giorno in cui si ricorda l'inizio del "Grande male", per la prima volta una delegazione straniera, composta da 20 rappresentanti di realtà antirazziste e armene da 15 Paesi, si è unita a İstanbul alla commemorazione promossa da varie organizzazioni della società civile turca per il 98° anniversario del rastrellamento e dell'esecuzione di 200 leader religiosi e intellettuali armeni della città.

«È un evento storico per questa delegazione commemorare il 24 aprile a İstanbul. Sarebbe stato impensabile

dieci anni fa», ha dichiarato Benjamin Abtan, presidente
dello European Grassroots Antiracist Movement[12]. La
Turchia, pur lacerata da molte forze centrifughe, mutevo-
le come il panorama naturale e umano sul suo vasto territorio e ancora soggetta a mille contraddizioni, non vuole più tornare indietro.

[12]   Egam, che ha partner in oltre 30 Paesi, inclusa la Turchia.

Un'oasi di convivenza.
I popoli dell'Hatay

La Regina dell'Oriente

Per un forestiero, addentrarsi nel dedalo di strette viuzze in pietra che disegna la città vecchia di Antakya significa quasi certamente finire per perdersi. Ogni bivio sembra assomigliarsi e le stradine tortuose, costeggiate da casette scrostate e ricoperte qua e là da pergolati, ricordano quelle di una medina araba, dove per raggiungere la propria destinazione non si può fare a meno di coinvolgere il bottegaio di turno, con gran divertimento dei ragazzini del quartiere. Sopra alcuni portoni si notano le belle insegne dipinte in caratteri arabi che tipicamente indicano le case degli *haci*, i fedeli musulmani che hanno compiuto il pellegrinaggio alla Mecca. Non è un caso: Antakya, l'antica Antiochia sull'Oronte, è la capitale dell'Hatay, la provincia da dove avevo iniziato il mio viaggio sulle orme del dramma armeno, e che fino al 1939 era parte della Siria. Qui, la popolazione è tuttora in maggioranza araba e tiene molto alla propria identità, sebbene le pressioni uniformatrici nazionaliste (ma anche la naturale evoluzione verso la modernità) abbiano pian piano spinto verso la diffusione esclusiva, tra i giovani, della lingua turca. Se meno di una generazione fa un bambino proveniente da una famiglia arabofona avrebbe iniziato la scuola senza conoscere ancora il turco, oggi la maggior parte dei ragazzi di origine araba entra per la prima volta in classe sapendo dire ben poche parole nell'idioma familiare. Prima di riuscire a raggiungere la piccola parrocchia cattolica, costeggio, oltre a vari minareti, la suggestiva cattedrale ortodossa, il cui cortile dà sulla via principale del centro storico, animato dal via vai degli antiocheni a passeggio nel bazar medievale. Quando infine individuo il cartello giallo che indica la *katolik kilisesi,* mi trovo ormai nel cuore dell'antico quartiere ebraico: a pochi passi da qui, dall'altra parte della strada, sorge tuttora la sinagoga. È il primo benvenuto in una città dove la storia di convivenza interculturale e interreligiosa ha radici antichissime. Antiochia, posizionata in un punto strategico all'incrocio tra le rotte che portavano al Mediterraneo, con un suolo fertile ricco di corsi d'acqua, anticamente era detta "Regina dell'Oriente": era ricca, colta e cosmopolita. Seleuco I Nicatore, ex-generale di Alessandro Magno, ne fece un modello di urbanizzazione ellenistica, vari re seleucidi via via la arricchirono e prima del suo declino, incominciato nel VII secolo, la città arrivò a contare oltre 300 mila abitanti. Nel I secolo d.C., in quella che era diventata la seconda capitale dell'Impero romano (il museo cittadino conserva una delle più ricche collezioni di mosaici romani al mondo), convivevano ebrei e greci – qui sorgeva un'importante scuola filosofica aristotelica –, siriani e romani, in un clima di apertura culturale e fecondi confronti in campo intellettuale e religioso. Una vocazione che è sopravvissuta fino ad oggi: gli abitanti dell'Hatay sono musulmani – sunniti e aleviti, più o meno in egual misura –, siriaci ortodossi e cattolici, maroniti, arabi greco-ortodossi, armeni, protestanti.

Alle origini della Chiesa

Mesih Isa dirildi, "il Signore Gesù è risorto". Un canto cristiano, intonato in turco, risuona stasera nei vicoli della città vecchia. In una tipica casa orientale dell'Ottocento, che custodisce un delizioso giardino interno ombreggiato da piante di limoni e aranci, la piccola comunità cattolica sta celebrando la Messa.

L'energica chitarra di Aboud accompagna il canto dei fedeli. Poi si legge la Parola e l'assemblea condivide le proprie riflessioni, raccolta intorno a un altare pieno di fiori freschi: alla fine della celebrazione (dopo due ore abbondanti!), ognuno ne prenderà un mazzetto da portare a casa. La Messa, animata dalle comunità neocatecumenali, è davvero una festa. Sarà forse per quest'atmosfera che la presenza di bambini e adolescenti è notevole.

«Diversi di loro sono ortodossi, ma amano partecipare alla nostra celebrazione anche perché è in turco e non in arabo, la lingua tradizionale degli ortodossi di questa zona della Turchia, che però le nuove generazioni non comprendono più». A introdurmi nella variegata realtà dei cristiani dell'Hatay è padre Domenico Bertogli, cappuccino in Turchia da quasi mezzo secolo e dal 1987 parroco della comunità antiochena. Alla fine della Messa, ci sediamo al tavolino di pietra nel cortile della cappella e, mentre i fedeli chiacchierano sorseggiando caffè e limonata, padre Domenico comincia a raccontare. «Si dice che "la Chiesa è stata concepita a Gerusalemme, ma è nata ad Antiochia"»[1], esordisce. «È qui che la Buona Novella fu annunciata anche ai pagani – Paolo giunse intorno all'anno 46 –, qui i discepoli di Gesù iniziarono a svincolarsi dal giudaismo prendendo coscienza della propria identità, e furono chiamati per la prima volta "cristiani"[2]. Da questa città partirono le prime spedizioni missionarie, con i tre viaggi di Paolo, e si può dire che qui nacque la Caritas, con il sostegno della comunità ai fratelli della Palestina colpiti da una carestia. E ancora: il tema del primo Concilio riguardava la questione sorta proprio ad Antiochia circa il

---

[1] Antiochia assume un'importanza particolare nei primi cento anni della storia del cristianesimo perché fra le sue mura il Vangelo non fu solo scritto (probabilmente Matteo vi redasse il suo), ma fu ripensato in profondità e subì la prima esperienza di inculturazione della sua storia. Gli Atti degli Apostoli dicono che dopo il martirio di Stefano, «alcuni cittadini di Cipro e di Cirene, giunti ad Antiochia, cominciarono a parlare anche ai Greci predicando la Buona Novella. La potenza del Signore era con loro, così che un gran numero di persone credette e si convertì al Signore» (Atti 11,20-21). Le conversioni furono facilitate dalla presenza, nella città, di una rilevante comunità giudaica, molto più aperta di quella di Gerusalemme (nella sinagoga di Antiochia, ad esempio, si leggeva la Bibbia in greco). La città divenne inoltre testa di ponte verso il mondo pagano: con i primi tre viaggi apostolici di Paolo, iniziati proprio qui; con una sosta di qualche anno di Pietro (42-48) prima di stabilirsi a Roma; con la testimonianza dei martiri, a cominciare da sant'Ignazio; con l'abolizione per i neo-cristiani delle pratiche religiose ebraiche mediante il Concilio apostolico di Gerusalemme (cfr. Atti 15,19-21); con gli scritti del vescovo Teofilo che cercò spunti di convergenza tra la teodicea pagana e la fede cristiana; con la predicazione di san Giovanni Crisostomo, originario di Antiochia, e con molte altre iniziative legate alla famosa Scuola Antiochena. Dopo la distruzione di Gerusalemme (70), Antiochia divenne uno dei centri più importanti del cristianesimo. Dalla sua sede patriarcale dipendevano 12 province ecclesiastiche con 167 sedi episcopali. La conquista della città da parte degli arabi ne ridusse l'importanza politico-religiosa; una ripresa si ebbe alla vigilia delle crociate, fino alla dominazione mamelucca (cfr. il sito della Chiesa cattolica di Antiochia: www.anadolukatolikkilisesi.org/antakya).

[2] Cfr. Atti 11,22-26.

comportamento verso i credenti che provenivano dal paganesimo. Nel VI secolo, Antakya contava almeno 12 monasteri, tra cui quello di San Simeone lo Stilita il Giovane, sul monte Mirabile. Insomma, ci troviamo in un luogo che rappresenta una pietra miliare nella storia della Chiesa».
Ma che cosa è rimasto, oggi, di quella vivace comunità?

Ecumenismo quotidiano

«Sugli attuali circa 200 mila abitanti, in città vivono poco più di mille cristiani ortodossi e una settantina di cattolici. Quando arrivai qui, rimasi stupito del fatto che questi due gruppi, sebbene condividessero la vita quotidiana e a volte facessero parte della stessa famiglia grazie a vari matrimoni misti, portassero poi avanti le rispettive attività comunitarie con un certo disinteresse reciproco», ricorda padre Domenico. «In particolare, mi colpì che le due Chiese celebrassero la Pasqua separatamente, seguendo i loro diversi calendari: pensai che non aveva senso!».
Fu allora che nacque l'idea, decisamente d'avanguardia, di esplorare la possibilità di celebrare la Pasqua secondo il calendario delle Chiese orientali separate da Roma. «Attraverso l'allora vicario apostolico di İstanbul, il cappuccino francese monsignor Pierre Dubois, chiedemmo a Roma il permesso di fare questa esperienza – continua il sacerdote –: permesso che ci fu accordato "ad experimentum" nel marzo 1988». Da allora, ad Antakya la Pasqua è una sola. Un passo tutt'altro che scontato, visto che nel passato, per vecchi rancori e pregiudizi reciproci, i rapporti tra le varie confessioni cristiane erano stati decisamente tesi.

E che non fu compreso subito, *in primis* da parte cattolica: «Qualcuno vedeva l'iniziativa come una resa agli ortodossi!», racconta padre Bertogli. «Invece si tratta di una bellissima esperienza, che oggi si è allargata ad altre Chiese del Medio Oriente: un segno importante di unità».

Ad Antakya, il cammino quaresimale è compiuto parallelamente dalle due comunità, senza sovrapporre le rispettive celebrazioni. «La notte di Pasqua, ci si riunisce nella chiesa cattolica per la veglia, che termina al mattino presto con un'agape in un ristorante. Subito dopo, all'aurora, si partecipa all'annuncio della risurrezione di Gesù nella chiesa ortodossa, a cui segue la colazione offerta a tutti nel giardino, con le autorità della città e i diversi leader religiosi», spiega il sacerdote, che coltiva rapporti cordiali anche con l'ormai minuscola comunità ebraica. «Una tradizione tipica delle Chiese orientali, la veglia notturna, oggi qui si celebra solo nella parrocchia cattolica!», fa notare.

Ormai, ad Antakya, non sorprende più nessuno neanche il fatto che fedeli delle diverse confessioni partecipino uniti alla catechesi per adulti secondo il cammino neocatecumenale, proposta da padre Domenico fin dal 1988. Comune a tutti i cristiani – dal 2000 sono presenti anche i protestanti – è poi l'esperienza del piccolo ufficio Caritas interconfessionale, che sostiene i bisognosi della città (spesso si tratta di musulmani), così come la celebrazione ecumenica che da qualche anno il 29 giugno, in occasione della solennità dei santi Pietro e Paolo, si svolge, con la partecipazione delle autorità civili, presso la grotta di San Pietro, posta poco fuori dall'abitato. Scavata naturalmente nella roccia sul fianco occidentale del monte Stauris (il "monte della Croce", una delle tre montagne che sovrastano la città), è considerata la chiesa rupestre più antica del mondo. Qui, secondo la tradizione, si riuniva la prima comunità cristiana con Barnaba, Paolo e Pietro. E qui, dopo quasi due millenni, quando sembrava che il cristianesimo in queste terre avesse ricevuto colpi troppo violenti per poter sopravvivere, si è tornati a celebrare la Messa.

L'armonia delle differenze

Padre Dimitri mi aspetta sorridente nel giardino della chiesa di San Paolo, oltre il cancello che dà sulla vivace Hurriyet Caddesi. Ingegnere chimico 45enne, sposato, due figli, padre Dimitri Doğum è il più giovane dei tre sacerdoti che fanno riferimento alla chiesa greco-ortodossa di lingua araba. Si tratta della comunità cristiana più consistente dell'Hatay, dipendente dal patriarca greco-ortodosso di Antiochia, che risiede a Damasco[3].

---

[3] Attualmente cinque vescovi di Chiese diverse portano il titolo di "patriarca di Antiochia", sebbene nessuno di essi risieda effettivamente nell'odierna Antakya: nel corso dei secoli le sedi apostoliche di Antiochia sono state infatti spostate a causa di persecuzioni e scismi.

Il patriarcato greco-ortodosso di Antiochia ha sede a Damasco ed è attualmente guidato dal patriarca Youhanna X Yazigi.

Ignatius Zakka I Iwas, della Chiesa ortodossa siriaca, è alla guida del patriarcato siro-ortodosso, anch'esso con sede a Damasco (è considerato dalla sua Chiesa il 122° successore di Pietro).

Mar Ignace Joseph III Younan, della Chiesa cattolica siriaca, è alla guida del patriarcato di Antiochia dei Siri, con sede a Beirut.

Il cardinale Béchara Boutros Raï, della Chiesa cattolica maronita, è alla guida del patriarcato di Antiochia dei Maroniti con sede a Bkerké (Libano).

Gregorio III Laham, della Chiesa cattolica greco-melchita (cioè di rito bizantino in lingua araba), è alla guida del patriarcato di Antiochia dei Greco-melchiti, con sede a Damasco.

Di fronte a due tazze di immancabile caffè fumante, padre Doğum, che ha studiato al monastero di S. Giorgio a Homs, oggi straziata dalla guerra civile siriana, mi conferma l'ecumenismo dei fatti sperimentato dai cristiani di Antakya, ma tiene a sottolineare soprattutto la lunghissima storia di coesistenza in questa zona della Turchia. «Noi cristiani ci viviamo da duemila anni, gli ebrei erano qui da prima, e da quando è arrivato l'islam stiamo tutti insieme, come fratelli e sorelle», sintetizza risoluto. Eppure, anche questa regione ha conosciuto le sue pagine buie… Davvero il fatto di essere una minoranza così esigua non complica la vita quotidiana? «Noi non ci sentiamo discriminati, anche se siamo solo 250 famiglie», assicura il sacerdote. E fa un esempio: «Oltre alla liturgia domenicale, in chiesa ogni giorno abbiamo due brevi cerimonie, e i nostri ragazzi sono autorizzati a uscire da scuola il tempo sufficiente per partecipare a quella del mattino». Alla discussione intervengono Jean-Pierre ed Elena, due fratelli cristiani di 18 e 16 anni. «Se non stessi bene qua, cercherei di andare via: se resto è perché mi sento a casa», esclama convinto Jean-Pierre. Ed Elena aggiunge con naturalezza: «Noi siamo cresciuti con amici di tutte le religioni, nemmeno ci facciamo caso».

Resta il fatto che la comunità cristiana di Antakya tende a invecchiare: «I giovani sono attratti dalle maggiori opportunità offerte da città più dinamiche come İzmir o İstanbul, molti di loro se ne vanno per studiare e finiscono per trovare un impiego altrove, magari persino all'estero», sospira padre Dimitri. «Ma qui c'è uno spirito unico», interviene ancora Jean-Pierre. Il quale, per farmi comprendere ciò di cui parla, mi racconta la storia del "Coro delle civiltà"[4], di cui fa parte: «Si tratta di un coro molto particolare, che riunisce cantori ortodossi e cattolici, ebrei e armeni, musulmani sunniti e aleviti», mi spiega, accompagnandomi attraverso le vie affollate del mercato coperto, diretto al settore dei gioiellieri, tra i quali numerosi sono i cristiani. L'idea di un coro multireligioso venne, qualche anno fa, alla prefettura, nel contesto di un'iniziativa per la valorizzazione del mosaico culturale tradizionale dell'Hatay (celebrato anche nella grande conferenza nazionale "Incontro delle civiltà", tenutasi qui nel settembre 2005). «All'inizio la proposta era che ogni gruppo eseguisse canti della propria tradizione, ma pian piano l'esperienza si è evoluta e oggi cantiamo tutti insieme i brani di ogni fede. Facciamo anche il *Laudato si', mi' Signore*, però in turco…». Una testimonianza culturale così interessante da essere stata candidata, nel 2012, al premio Nobel per la pace. Jean-Pierre mi fa segno di seguirlo in una delle botteghe di gioiellieri: dietro a un bancone minuscolo riconosco Aboud, il chitarrista che avevo sentito accompagnare la Messa. «Lui è uno dei pilastri del nostro coro!», scherza Jean-Pierre. «Quest'esperienza ci ha permesso di girare il mondo e di far conoscere anche all'estero la ricchezza della nostra terra», racconta Aboud. L'anno scorso, il tour del "Coro delle civiltà" ha toccato ben 14 Paesi, tra cui gli Stati Uniti, dove una rappresentanza antiochena si è esibita nello storico Howard Theatre di Washington. «Ma il vostro esperimento interreligioso è apprezzato anche in patria?», chiedo. «Giriamo molto anche in Turchia

---

[4] Cfr. www.medeniyetlerkorosu.com

e le reazioni sono sempre positive, ma sul nostro sito Internet ci capita di ricevere delle minacce...», ammette Aboud. «Sono solo i soliti ignoranti!», cerca di tagliare corto Jean-Pierre. Ma George, un altro cristiano che gestisce la bottega sul lato opposto della strada, interviene: «Fuori da Antakya noi cristiani ci sentiamo cittadini di serie B!», sentenzia. «In questo Paese in troppi pensano ancora che i veri turchi siano solo i musulmani...».

«Cristiana e turca»

Eppure, c'è chi ha avuto il coraggio di dimostrare l'opposto. Da queste parti, la scelta di abbandonare l'islam per il cristianesimo non è un tabù. «A volte scopro che qualcuno fa dei pettegolezzi sulla mia conversione, ma non ho mai subìto discriminazioni né vissuto esperienze spiacevoli». A raccontare è Songül, che incontro fuori dal negozietto della Caritas locale, dove è seduta a chiacchierare con un'amica. Trent'anni, Songül ha conosciuto Gesù dieci anni fa, «e il suo messaggio di amore mi ha colpita», racconta. «Nel Corano c'erano molte cose che mi lasciavano perplessa, così come nella vita del profeta Maometto, per esempio il fatto che avesse sposato una bambina di nove anni», spiega. Un giorno, quello che poi sarebbe diventato suo marito la portò con sé alla catechesi della chiesa cattolica: la scoperta del Vangelo, per Songül, fu una svolta. Dopo un cammino di conoscenza e preparazione, ha ricevuto il battesimo. La sua nuova fede, l'ha voluta scritta sulla carta d'identità. Non sarebbe stato meglio mantenere un basso profilo? «Se sono cristiana, perché sul documento devo risultare musulmana?», ribatte convinta la donna. Che però tiene a precisare come la sua fede non sia affatto in contraddizione con il suo orgoglio nazionale: «Mi sento turca al 100% e cristiana al 100%!», afferma. Una dichiarazione che, purtroppo, non è frequente ascoltare in questo Paese. Una bandiera turca, un po' scolorita dal tempo, campeggia anche nel cortile di Ayten, un'altra donna del quartiere convertita al cristianesimo che mi ha invitata a casa per raccontarmi la sua storia. Questa mamma di quattro figli, 53enne, è nativa di Harbiye, l'antica Dafne, cittadina nella valle dell'Oronte pochi chilometri a sud di Antakya, famosa per il complesso religioso che ospitava e in particolare per il bosco sacro dedicato ad Apollo.

«La vita mi ha riservato molte prove», sospira. E mi confida il dolore di un figlio sordomuto e di una figlia con una disabilità motoria. Racconta di essersi avvicinata al cristianesimo alla fine degli anni Novanta, grazie alla testimonianza di una suora e di un frate. «Prima odiavo gli altri, li guardavo con sospetto per le disgrazie che mi erano capitate», ammette Ayten. «Ero arrabbiata con la vita, con me stessa e con tutti. Oggi, presento le mie croci al Signore e mi sento sostenuta. Per me la Chiesa è come una madre, non mi fa sentire sola». La sua conversione, tuttavia, è stata accettata solo da una parte dei familiari. «Mio cognato mi ha detto che, per questo affronto, quando morirò non mi seppellirà nel nostro villaggio di origine». La donna fa una pausa. Poi riprende: «Ma io non ho paura, accetto le possibili conseguenze della mia scelta». Ayten, come molti dei turchi convertitisi al cristianesimo, viene da una famiglia musulmana alevita. Questa minoranza di derivazione sciita, che nell'Hatay è molto consistente, in Turchia ha sempre subìto discriminazioni, per la sua fede dai tratti sincretici (come gli sciiti, venera l'imam Alì ma condivide anche alcuni elementi del cristianesimo) e il suo rapporto libero con la spiritualità. Gli aleviti non pregano nelle moschee sunnite ma in spazi chiamati *cemevi* ("case della preghiera" che da tempo lottano per vedere riconosciute ufficialmente), dove il *dede*, leader spirituale, guida canti e balli a cui partecipano insieme uomini e donne, secondo la tradizione che vede nella danza un mezzo per avvicinare l'anima a Dio. Un approccio eterodosso e inaccettabile per molti musulmani sunniti, che non condividono anche aspetti della condotta quotidiana degli aleviti, i quali ad esempio non osservano il divieto dell'alcool, non digiunano nel mese di Ramadan (bensì nei dieci giorni di Muharram, in cui si commemora il martirio dell'imam Hussein) e le cui donne non si velano il capo. Differenze che, nei secoli, hanno spesso causato episodi di intolleranza verso questa comunità, la cui dimensione non è nota ufficialmente (a causa della tendenza dei suoi membri a non esplicitare la propria appartenenza religiosa), ma che si stima essere molto consistente: tra i 15 e i 20 milioni di persone. La ferita più grossa per i turchi aleviti, nella storia recente, è quella nota come "il massacro di Sivas". Il 2 luglio 1993, nella cittadina dell'Anatolia centrale, alcuni fanatici, dopo la preghiera del venerdì, appiccarono il fuoco all'Hotel Madımak, in cui si stava tenendo un simposio sulla cultura alevita: 35 intellettuali appartenenti a questa confessione persero la vita nel rogo. Nell'Hatay, tradizionalmente, il rapporto tra la comunità sunnita e quella alevita è sempre stato migliore che nel resto del Paese. Un equilibrio che, purtroppo, è stato messo fortemente a rischio dai riflessi delle violenze settarie siriane, che in alcune occasioni hanno oltrepassato il confine. Proprio nei dintorni di Antakya hanno trovato rifugio numerosi siriani sunniti sostenitori della ribellione anti-Assad (il quale appartiene alla minoranza islamica alawita, da molti punti di vista prossima a quella turca alevita). Tra gli aleviti dell'Hatay, per tradizione strenuamente laici, è cresciuto il sospetto nei confronti dei nuovi arrivati siriani, guardati come possibili estremisti religiosi.

Convivenza a rischio?

Il timore è che anche questa oasi di convivenza possa non essere immune dal contagio delle tensioni settarie. Padre Domenico Bertogli non nasconde la preoccupazione. Ma non intende certo rinunciare al suo impegno per il dialogo e la conoscenza tra esponenti di fedi diverse: conoscenza che il frate promuove quotidianamente anche attraverso la valorizzazione turistica del patrimonio tradizionale locale, umano e materiale. «Il flusso di pellegrini che, da tutto il mondo, vengono a visitare i luoghi in cui nacque la Chiesa continua a crescere – spiega – ma anche i turisti turchi musulmani sono numerosi».

Molti di loro sono venuti a sapere, attraverso servizi televisivi e giornalistici, dell'ottimo lavoro di restauro portato avanti in questi anni sul complesso di edifici che sorgono intorno alla chiesa cattolica, grazie all'intuizione di padre Domenico e alla perizia dell'architetto (alevita) Selahattin Altınöz che ha ricreato meticolosamente lo stile originario, caratterizzato dall'uso di suggestiva pietra bianca e legno finemente lavorato. E così, spesso, la parrocchia apre le porte a gruppi di studenti che gli insegnanti accompagnano qui per visitare un notevole esempio di architettura tradizionale, ma anche per conoscere meglio l'antica comunità cristiana. «Per noi è l'occasione di parlare della nostra fede e della nostra storia – spiega il cappuccino – piantando semi di comprensione reciproca».

Per una nuova generazione di turchi – istruiti, protagonisti di una transizione verso il benessere ma anche di un'inedita connessione con le tendenze globali – le minoranze religiose ed etniche, un tempo forzatamente ignorate o fonte di automatica diffidenza, oggi cominciano a rivestire un diverso interesse o, quantomeno, a suscitare curiosità. E questa provincia, invasa nei secoli da crociati, guerrieri musulmani ed eserciti contrapposti, è oggi meta di turisti e studiosi armati di macchine fotografiche. Forse saranno proprio loro a impedire che un passato incredibilmente ricco sia dimenticato. A mia volta, scatto alcune foto dell'Asi, l'antico Oronte, che scorre tranquillo tra la vecchia Antakya e i quartieri moderni, seduta al tavolino di una pasticceria rinomata per il suo *künefe*, il dolce tradizionale a base di formaggio fritto. Kristofer e Lidya, due fratellini che frequentano la chiesa cattolica, hanno insistito perché ne assaggiassi una porzione. Scherzando insieme a loro, già disinvolti con l'inglese studiato a scuola, mi sorprendo a pensare che se c'è qualcuno che davvero può tenere viva l'eredità dell'Hatay sono prima di tutto loro: i ragazzi che appartengono a questa terra e, insieme, con i loro smartphone di ultima generazione, al nuovo mondo globalizzato.

Sul monte dei servitori di Dio.
La terra santa dei siriaci

Un paradiso tormentato

L'Anatolia sud-orientale è un luogo dell'anima. Le sue immense distese verdi e collinose, dove i villaggi in pietra si susseguono lentamente e le strade regalano a chi si trova a percorrerle lunghi tratti di silenzio e di pura bellezza, rappresentano per i turchi l'opposto ideale delle metropoli sempre sveglie, avanguardie della crescita del Paese. Mi trovo nel cuore dell'antica Mesopotamia – il Tigri scorre a pochi chilometri da qui –, culla di grandi civiltà e da millenni crocevia di popoli. Ma anche terra contesa, che negli ultimi cento anni è stata teatro di violenze incrociate: il massacro dei cristiani (armeni ma anche siriaci) all'inizio del Novecento e, più di recente, il conflitto sanguinoso tra l'esercito turco e la guerriglia indipendentista curda del Pkk, divampato negli anni Ottanta e Novanta (e che finalmente, con le recenti trattative di pace tra il governo e il leader della ribellione Abdullah Öcalan, sembra potersi avviare a una soluzione).

La regione di Mardin è infatti considerata dalla maggioranza della sua attuale popolazione parte integrante del Kurdistan turco. Ma ad abitarla, ben prima dei curdi, dei turchi e degli arabi, fu il popolo siriaco. Il quale, per due millenni, ha custodito la fede cristiana su quest'altipiano, dove ancora oggi si parla la lingua di Gesù. Il Tur Abdin, il "monte dei servitori di Dio" in aramaico, un altipiano tra Mardin e Midyat, è la capitale spirituale dei cristiani siro-ortodossi: tra le sue colline sono adagiati 80 antichissimi monasteri e le grotte che ne bucano la roccia furono per secoli – e fino a pochi decenni fa – ritiro dei santi eremiti.

A questi cristiani la nostra civiltà è debitrice: furono loro a tradurre dal greco all'aramaico, e poi in arabo, i tesori dell'eredità classica, consentendo agli arabi di riportarli a loro volta in Europa, attraverso la Spagna. «Ma già dalla notte dei tempi il popolo siriaco ha regalato all'umanità enormi conquiste culturali: le basi del sistema giuridico, la scrittura, le prime città!». Diba Gabriel ama ricordare il patrimonio lasciato al mondo dalla sua gente: il tono della sua voce, mentre mi parla seduta su un divanetto dell'hotel Tur Abdin, è fiero e deciso. Diba è la proprietaria di questo elegante albergo di Midyat, suggestiva cittadina costruita in pietre color ocra, storico fulcro della presenza siriaca nella zona. La sua vita è emblematica delle vicende recenti di questa terra: martoriata, indomita e ora, timidamente ma tenacemente, intenta a costruirsi un nuovo futuro.

L'esodo dei cristiani dal distretto di Mardin cominciò alla fine dell'Ottocento, per aggravarsi con i massacri al tempo della prima guerra mondiale. Le tasse imposte alle minoranze negli anni Quaranta del Novecento, la crisi economica due decenni dopo, le più recenti pressioni politiche tra cui il bando sull'uso della madrelingua, il *suroyo*, e soprattutto la guerriglia tra lo Stato e i ribelli curdi non hanno fatto che incentivare la partenza della popolazione siriaca, che oggi conta circa 20 mila persone in tutta la Turchia (3.000 concentrate nella zona del Tur Abdin).

«Nella fase più aspra del conflitto con i curdi, l'esercito faceva irruzione nelle case con la scusa di stanare i terroristi, ma era un modo per esasperare anche noi cristiani e spingerci ad abbandonare le nostre terre», racconta la signora Gabriel. In quegli anni infernali, le violenze e le vendette incrociate si portarono via suo fratello. Fu allora che lei e suo marito Yacup decisero, con la morte nel cuore, di abbandonare questo paradiso, dove i magnifici campanili, sulle cime delle colline, sembrano toccare il cielo striato di nubi bianche, e di partire per l'Europa: «Quaggiù non vedevamo un futuro. Ci stabilimmo in Svizzera, e lì nacquero i nostri quattro figli». Una scelta condivisa con centinaia di altre famiglie cristiane della regione: circa 60 mila cristiani siriaci vivono oggi in Germania, altrettanti in Svezia, 15 mila nei Paesi Bassi. Altri ancora hanno raggiunto l'America, o l'Australia.

Il ritorno

Gli anni passarono, la vita in Europa era più semplice, ma il cuore tornava sempre al Tur Abdin. Pian piano, la situazione politica turca si stabilizzò. Diciassette anni dopo la partenza dal villaggio degli avi, il richiamo delle radici tornò a farsi sentire con forza. «Decidemmo che saremmo stati i primi siriaci a tornare a casa», ricorda Diba. Ma come ricominciare da zero? I Gabriel pensarono di valorizzare l'antica tradizione vinicola del loro popolo e misero in piedi la fabbrica "Ninive". L'iniziativa ebbe rapidamente successo e oggi l'azienda produce 150 mila bottiglie all'anno, rifornisce tutte le grandi città turche ed esporta anche in Europa. È con orgoglio che la signora apre una vetrina, nella *hall* dell'hotel, per farmi assaggiare un bicchiere del pregiato Süryani Şarabı: «Alcuni clienti francesi mi hanno detto che questo vino è più buono del loro!», assicura. «Lo produciamo seguendo un procedimento antichissimo». È per tutelare e valorizzare conoscenze come questa, ma anche il patrimonio spirituale del suo popolo, che Yacup Gabriel ha fondato l'associazione culturale dei cristiani siro-ortodossi a Midyat.

L'albergo Tur Abdin, costruito secondo lo stile architettonico locale con la tipica pietra color miele, lavorata a greche sinuose ed eleganti decorazioni, ha invece aperto i battenti da un paio d'anni. «Si tratta anche di un modo per incentivare i turisti a riscoprire questi luoghi», spiega ancora Diba, che racconta come, da quando alcuni registi turchi hanno scelto il suggestivo hotel come location per i loro film, l'interesse dei connazionali verso la regione sia cresciuto.

La politica di moderata apertura verso le minoranze inaugurata nell'era Erdoğan – nonostante alcune persistenti contraddizioni – e il clima meno teso che si respira nel distretto hanno portato i loro frutti. La cosiddetta "iniziativa curda", lanciata nel 2009 dal ministro dell'Interno Beşir Atalay, che riconosceva per legge alcuni diritti culturali alle minoranze, ha reso possibili cambiamenti di forte significato per gli abitanti della regione: per la prima volta nella storia turca, ad esempio, furono autorizzate le insegne bilingui, mentre all'università di Mardin aprì i battenti una facoltà di Lingue viventi, tra cui il persiano, l'arabo, ma anche l'aramaico e il curdo.

Grazie a questo vento nuovo, negli ultimi anni altri cristiani siriaci che erano emigrati hanno seguito l'esempio dei due pionieri di Midyat: in città una quarantina di famiglie sono rientrate e non c'è villaggio, nella zona, che non abbia assistito a qualche ritorno. Con i risparmi di questi anni, chi era stato espropriato è riuscito a ricostruirsi una casa al paese, magari per trascorrerci i mesi estivi. In questo processo, un ruolo importante l'ha giocato Aziz Demir, sindaco del villaggio di Kafro.

"Benvenuti a Kafro", recita un'insegna in aramaico a fianco del cartello ufficiale in turco che accoglie i visitatori a Elbeğendi, una quindicina di chilometri a sud di Midyat. In questo piccolo centro, dove non esistono negozi ma c'è un caffè in cui si prepara anche la pizza, oggi vivono 17 famiglie siriache. Il tasso di ex emigrati è notevole: il tedesco qui è la lingua franca tra i bambini. Anche Aziz Demir se ne era andato ma, dopo 21 anni in Svizzera, nel 2006 decise di rientrare al villaggio con altre nove famiglie: «Tornare insieme è più facile», sostiene. Ecco perché ha fondato un'associazione che aiuta gli ex emigranti che vogliono ricominciare una vita qui. Perché «questo è l'unico posto in cui ci sentiamo a casa», come ripetono in tanti. Ma tornare non è facile. Quasi tutte le case sono state distrutte negli scontri tra l'esercito e i ribelli del Pkk: bisogna ricostruire ogni cosa, senza contare che, dopo la lunga assenza, a volte ci si trova a dover dimostrare la proprietà dei terreni, spesso occupati illegalmente da altri. E in più ci vogliono i permessi, che in molti casi non arrivano, come per la vecchia chiesa di Kafro, che ha urgente bisogno di restauri. Nel frattempo, gli abitanti hanno eretto una piccola cappella con l'aiuto della Chiesa evangelica luterana in Württemberg, ma la Messa si celebra solo una volta al mese, perché in paese non c'è un sacerdote.

Gli sforzi di Ankara per soddisfare gli standard richiesti dall'Unione europea in vista di un'apertura alla Turchia si sono tradotti in alcune riforme legali per facilitare il riconoscimento degli atti di proprietà dei terreni (oltre che nel sostegno per la costruzione di nuove case), ma è a livello locale che spesso i meccanismi burocratici si inceppano e scoppiano le tensioni tra vicini.

Il monastero minacciato

«Siamo i proprietari di queste terre: vogliamo solo che ci trattino come esseri umani!». Sua Beatitudine Mor Timotheos Samuel Aktaş, il carismatico metropolita siro-ortodosso del Tur Abdin, non riesce a trattenere l'indignazione. Lo incontro nello stupendo monastero di Mor Gabriel, sulla cima di una collina circondata da viti alla fine di una strada tortuosa, 25 chilometri a sud-est di Midyat. Questo gioiello costruito nel IV secolo e resistito a invasioni e attacchi, dove ancora oggi il metropolita vive insieme a tre monaci e quattordici suore, rischia di dover chiudere i battenti dopo più di 1600 anni, proprio per una controversia che riguarda le terre dei religiosi, su cui hanno messo gli occhi alcuni villaggi vicini.

Mentre negli scorsi decenni i siriaci emigravano in massa, l'identità cristiana del Tur Abdin era custodita nei maestosi monasteri, a cominciare proprio da Mor Gabriel, il più antico al mondo fra quelli di rito siro-ortodosso, fondato nel 397 dai santi Samuele e Simone. Questa "seconda Gerusalemme" per gli ortodossi siriaci rappresenta un luogo di grande importanza storica per tutti i cristiani, e già gli imperatori romani Arcadio, Teodosio e Onorio lo arricchirono di reliquie e preziose opere d'arte.

«Nel VII secolo questo era un centro di studi teologici e filosofici di primo piano: le lezioni, oltre che in aramaico, si impartivano in greco e in persiano», racconta con lo sguardo velato di tristezza il professor Isa Doğdu, che insegna l'aramaico ai 35 studenti che frequentano la scuola. «I siriaci, che fino a cinquant'anni fa qui erano ancora 200 mila, oggi non superano le 3 mila persone», aggiunge con un tono tra il rassegnato e lo sdegnato. Isa, che è anche il vicepresidente della Fondazione che rappresenta il monastero – a sua volta restaurato grazie all'aiuto economico degli emigranti – oggi teme fortemente per il futuro.

Mor Gabriel è infatti al centro di una contesa legale asprissima da quando, nel 2008, tre villaggi musulmani vicini rivendicarono un vasto appezzamento di terreno da sempre appartenuto ai monaci. Una causa a cui se ne sono aggiunte altre, intraprese dal ministero delle Foreste e dal Demanio, e che continuano a fare la spola tra il tribunale di Mardin, capoluogo della provincia, e la Corte suprema ad Ankara, fra ricorsi e cavilli esasperanti[1]: «Si

---

[1] Il 30 settembre 2013, nel contesto del cosiddetto "pacchetto di rifor-

attaccano a qualsiasi pretesto, dalla presunta occupazione illegale delle terre fino all'accusa di proselitismo,
quando tutti sanno che non abbiamo mai violato alcuna
legge», commenta amaramente il professor Doğdu.
«Qualcuno ha persino affermato che il monastero fu costruito sul terreno dove precedentemente sorgeva una
moschea, malgrado il fatto che Mor Gabriel sia stato fondato 173 anni prima della nascita di Maometto!».

Nel settembre del 2012, i monaci si sono infine appella-
ti alla Corte europea dei diritti dell'uomo, sebbene le
speranze riposte in questa mossa non siano molte:
«L'Europa parla tanto di diritti e di tutela delle minoranze, ma non alza la voce per difenderci!», interviene
di nuovo il metropolita Aktaş, logorato dal lungo braccio di ferro giudiziario.

La lotta per Mor Gabriel ha anche un forte valore simbolico, in un Paese che, mentre da una parte cerca di promuovere una nuova immagine di tolleranza verso le minoranze, dall'altra negli ultimi anni – a Iznik, l'antica Nicea,
e a Trebisonda – ha visto convertire due chiese in moschee
(e persino per la celeberrima basilica di Santa Sofia a İ
stanbul, oggi museo, una petizione popolare chiede la stessa sorte). Il timore, anche sul "monte dei servitori di Dio",
è che «le terre intorno al nostro monastero si trasformino
nell'ennesimo spazio in cui certi musulmani ben poco pro-
pensi al pluralismo intendono piazzare la loro bandieri-
na…», commentano amari alcuni fedeli della zona.

---

me per la democratizzazione", il governo ha promesso la restituzione delle
terre del monastero confiscate dallo Stato.

Tra i più attivi sostenitori della campagna per la difesa di Mor Gabriel c'è Tuma Çelik, nato nel 1964 a Enhil (in turco Yemişli), un villaggio poco lontano da qui, e oggi rappresentante per la Turchia alla European Syriac Union. A dieci anni, Tuma si trasferì a İstanbul con la famiglia, a 21 emigrò in Svizzera e là divenne un attivista. Cominciò a scrivere per riviste in aramaico e fu tra i fondatori di *Suroyo Tv*, un'emittente che trasmette, sempre in aramaico, dalla Svezia. Nel 2010, infine, si unì ai connazionali che stavano rientrando in patria e si stabilì sul Tur Abdin. Da qui, la sua battaglia culturale continua. Nell'estate del 2012 ha fondato il primo giornale turco-aramaico della storia repubblicana del Paese, *Sabro* (che significa "speranza"), pubblicato da alcuni volontari a Midyat e stampato in circa 3 mila copie, oltre al sito web "Siamo cresciuti in questo Paese insieme", dedicato in particolare proprio ai procedimenti legali contro Mor Gabriel.

Secondo Tuma, tuttavia, l'antico monastero rappresenta solo uno dei tanti problemi che la sua gente si trova ad affrontare: «I siriaci vivevano principalmente in aree rurali dove il sistema di registrazione delle terre era poco attivo, ecco perché così tante chiese, monasteri ed edifici della comunità non sono mai stati nemmeno registrati», ha spiegato in varie occasioni, sottolineando costantemente l'urgenza di una tutela legale per la comunità siriaca da inserire anche nella nuova Costituzione, allo studio ormai da qualche anno. Per l'attivista, infatti, «non importa quanto illuminato possa essere il governo centrale al potere in un certo momento: finché non ci saranno garanzie legali per noi, saremo sempre soggetti alle concessioni e ai capricci delle amministrazioni locali».

Così, anche gli sporadici gesti di "buona volontà" governativi – il ministero delle Finanze, ad esempio, nel 2013 ha stanziato un milione di lire turche per allargare la strada che porta a Mor Gabriel – non scalfiscono la diffidenza della comunità siriaca.

Il diritto di esistere

La grande questione, per i siro-ortodossi come per altre minoranze, è il riconoscimento dei diritti di cittadinanza, a livello di singoli ma anche di collettività. Diritti come la possibilità di costruire nuovi luoghi di culto, di istituire scuole dove si insegni il *suroyo*, di essere proprietari di immobili: in una parola di esistere.

Se la culla storica della cultura siriaca è la Mesopotamia, oggi la grande maggioranza dei siro-ortodossi vive a İstanbul: secondo le stime della Fondazione a cui fanno riferimento, si sono stabiliti nella metropoli circa 17 mila dei 20 mila membri della comunità in Turchia. Per loro, in città esiste solo una chiesa, nel quartiere di Beyoğlu, edificata nel 1844 per la cinquantina di famiglie che allora vi abitavano. Oggi, tuttavia, i siriaci risiedono per la maggior parte nel distretto di Bakırköy, affacciato sul mar di Marmara nella parte europea della città, a una dozzina di chilometri dal centro storico. Per le loro celebrazioni, dunque, sono costretti a usare luoghi di culto cattolici (tra cui, nel quartiere di Yeşilköy[2],

---

[2] Chiamato Ayastefanos fino al 1926, dal greco Ἅγιος Στέφανος, località nella quale venne firmata la pace, detta appunto di Santo Stefano (3 marzo

vicino all'aeroporto Atatürk, la chiesa di Santo Stefano gestita dai cappuccini).

«In Germania, dove sono emigrati 70 mila siriaci, in questi decenni sono state costruite ben 63 chiese: solo qui in Turchia abbiamo queste difficoltà!», sostiene amaramente Sait Susin, presidente della Fondazione dei siro-ortodossi a İstanbul. Da anni, ormai, la Fondazione ha sottoposto la richiesta di autorizzazione per costruire una nuova chiesa, per la quale è necessario che sia assegnato un terreno da parte della Municipalità. Ma le offerte presentate dalle autorità cittadine sono state giudicate immorali, visto che riguardavano lotti confiscati ai cattolici e ai greco-ortodossi, e quindi rifiutate. Nel dicembre del 2012, alcuni intellettuali siriaci hanno sottoscritto una dichiarazione in cui denunciavano il Comune di strumentalizzare la vicenda per «fare bella figura» offrendo una sorta di «risarcimento per le terre sottratte al monastero di Mor Gabriel»[3].

Ma la carenza di luoghi di culto non costituisce l'unica preoccupazione per i cristiani siriaci. Al di fuori del Tur Abdin, infatti, solo una piccola parte dei membri della comunità parla fluentemente l'aramaico, e ancor meno sono quelli in grado di scriverlo: il timore è di vedere presto scomparire la propria lingua madre. Un timore fondato, se è vero che anche l'Unesco ha inserito il *suroyo* – uno degli

---

1878), fra la Russia e l'Impero ottomano al termine della guerra turco-russa del 1877-1878.

    [3] Cfr. Vercihan Ziflioğlu, "Church land rises Syriacs' reactions", in www.hurriyetdailynews.com, 12 dicembre 2012.

idiomi più antichi del Medio Oriente – nella sua lista delle "Lingue del mondo in pericolo". L'ultima scuola comunitaria di questa minoranza in Turchia fu chiusa nel 1938. Eppure, la richiesta ufficiale da parte dei siriaci di poter aprire una scuola materna in cui insegnare nella propria lingua è stata rigettata dal governo di Ankara. In un incontro con i rappresentanti della comunità, nel marzo 2013, il ministro degli Esteri Ahmet Davutoğlu ha motivato il rifiuto ribadendo che, in base al trattato di Losanna del 1923, essa non è riconosciuta tra le minoranze del Paese. Si gioca tra i banchi di scuola anche un'altra partita cruciale per l'affermazione della dignità dei siriaci di Turchia. Si tratta della controversia sui libri di testo utilizzati nel sistema educativo pubblico: una questione su cui si sono mobilitati anche i rappresentanti di altri gruppi minoritari, ma pure diversi settori della società turca. Sotto accusa sono gli stereotipi, quando non addirittura le false ricostruzioni storiche, riportati su alcuni testi scolastici e relativi alle minoranze etniche e religiose, dai «nemici greci» fino, appunto, ai «siriaci traditori». Un proliferare di pregiudizi accusati di perpetuare e incentivare l'odio nei confronti degli "altri". In particolare, i rappresentanti cristiani siro-ortodossi hanno puntato il dito contro l'immagine negativa della propria comunità che emergeva da un libro di storia edito dal governo per le scuole superiori, in cui gli emigranti cristiani venivano accusati di essere «strumenti degli interessi politici e religiosi dei Paesi occidentali». La battaglia contro i "testi scolastici dell'odio" vede in prima linea Erol Dora, avvocato nativo del villaggio di Şırnak che, dopo la vittoria alle elezioni del giugno 2011, è diventato il primo siriaco a sedere in parlamento nella storia della Turchia repubblicana (e il primo cristiano dagli anni Sessanta).

L'elezione di Dora, classe 1964, che correva come candidato indipendente sostenuto dal partito filo-curdo Bdp, ha rappresentato una svolta fortemente simbolica per il Paese. L'avvocato ha portato con sé tra gli scranni del Maclis, il parlamento turco, la sua storia di ragazzo cresciuto nelle violenze del conflitto fra governo e Pkk, evacuato dal proprio villaggio e diventato un profugo nella sua stessa nazione. Una storia condivisa da molti cittadini, nel meraviglioso e martoriato sud-est turco, i quali per la prima volta hanno avuto la sensazione di poter far udire la propria voce nei circoli della politica di Ankara.

Una regione sensibile

Certo, tra i villaggi del Tur Abdin la capitale, al pari delle grandi metropoli simbolo del boom economico turco, sembra lontana anni luce. Eppure anche questa regione, un tempo associata solo all'irredentismo curdo, sta assumendo un ruolo strategico crescente per il governo di Ankara. In primo luogo perché proprio qui ha il suo fulcro il Gap[4] (*Güneydoğu Anadolu Projesi*, noto anche come *Great Anatolian Project*), il faraonico progetto idroelettrico che interessa soprattutto l'Eufrate, che scorre per l'88% in territorio turco, e il Tigri, turco per oltre la metà del suo corso.

---

[4] Cfr. www.gap.gov.tr/english

Questo piano di sviluppo regionale, i cui obiettivi furono definiti negli anni Ottanta, è ora in pieno corso di attuazione (dovrebbe essere completato tra il 2015 e il 2020). Ma le mega-opere che esso comporta, e le loro conseguenze sia in territorio turco sia oltre confine, stanno sollevando forti opposizioni locali e internazionali non solo per l'enorme impatto ambientale e sociale – di cui il villaggio di Hasankeyf è diventato suo malgrado il simbolo[5] –, ma anche per le inevitabili implicazioni geopolitiche nella regione, dall'Iraq alla Siria. I confini particolarmente caldi che corrono in questa remota zona della Turchia ne fanno un cuscinetto di terra a dir poco sensibile, da vari punti di vista. E le tensioni dell'attualità attraversano anche gli spessi muri degli antichi monasteri del Tur Abdin.

A Mor Hananyo, fondato nel 493 e per 772 anni (dal 1160 al 1932) sede del patriarcato della Chiesa siro-ortodossa, l'usuale silenzio è rotto da risa di bambini e voci di ragazze. Il suggestivo monastero, che spicca sulla montagna nei dintorni di Mardin, è più conosciuto come Deyrul Zafaran, "casa dello zafferano", per il colore giallo intenso delle sue pietre. Le sue antiche celle, di solito occupate solo da monaci, suore e studenti, al momento ospitano

---

[5]   Il villaggio di Hasankeyf, posto in un sito di rilevanza storica e archeologica sulle sponde del Tigri, verrà sommerso dall'acqua al completamento della diga Ilisu, a 50 chilometri di distanza, che sbarrerà la strada al naturale corso del fiume. Gli abitanti, circa 3.000, saranno costretti a trasferirsi in un nuovo insediamento in corso di costruzione, mentre buona parte del sito archeologico andrà perduta. Per saperne di più è possibile visitare il sito del progetto "Questa era Hasankeyf": http://thiswashasankeyf.wordpress.com

anche alcune famiglie. Si tratta di profughi siriani, di religione cristiana, giunti qui dopo essere riusciti ad attraversare il confine, che corre a una manciata di chilometri. Dall'altra parte, infuriava la battaglia tra esercito governativo, ribelli anti-Assad e militanti curdi, per il controllo del territorio chiamato "Jazeera", nel governatorato di Hasaka, incuneato tra la Turchia e l'Iraq e abitato storicamente da decine di migliaia di cristiani siriaci. I quali, ancora una volta, si sono ritrovati nel mezzo del fuoco, esposti alla minaccia di rapimenti ma anche di violenze su base religiosa.

Tra le centinaia di migliaia di profughi che hanno perso tutto nel conflitto civile siriano ci sono anche queste famiglie – migliaia di persone – che hanno cercato rifugio nella terra siriaca turca. «La fede cristiana, presente in Mesopotamia fin dalle origini, finisce periodicamente nel mirino di intolleranza ed estremismi», commenta Maria, una giovane che, nonostante tutto, ha deciso di prendere i voti religiosi e vive a Deyrul Zafaran. «Questo luogo custodisce una ricchezza spirituale incredibile», racconta la novizia. Poi, con un cenno del braccio, indica le grotte sulla montagna: «Uomini santi hanno trascorso decenni lassù, allontanandosi da tutto per cercare una maggiore vicinanza a Dio». E aggiunge: «Questo patrimonio di fede è più che mai necessario oggi, e non deve andare perso».

Anche il villaggio di Iwardo, nei dintorni di Midyat, conserva una memoria pesante di fede e di sofferenza. In questo pittoresco paesino chiamato in turco Gülgöze, abbarbicato su un lembo di roccia più alto di quelli circostanti, nella primavera del 1915 migliaia di siriaci trovarono rifugio dai massacri che stavano investendo i cristiani dell'Impero ottomano in dissolvimento. Si tratta della tragedia che da queste parti è chiamata *Seyfo*, "spada" in *suroyo*.

A Iwardo incontro Gabriel Haydın, un giovane nato e cresciuto al villaggio, che mi racconta la sua storia mentre, attraverso una porticina di pietra non più alta di un metro, mi accompagna all'interno della suggestiva chiesetta che svetta sulla collina. Dal tetto, lo sguardo vaga a perdita d'occhio tra il verde dell'altopiano e il bianco di piccoli agglomerati di case: un paese cristiano, uno arabo, uno kurdo, uno yazida. Uno a fianco dell'altro, da molti secoli. Gabriel se ne era andato lontano, a Cipro, per fare l'università (Scienze dell'alimentazione). Ma ora, con la laurea fresca in tasca, è tornato a casa: il suo progetto è di aprire un ristorante tutto suo e mettere su famiglia. «Mi sono appena fidanzato con una ragazza di Mardin, che conosco da quando eravamo ragazzini», racconta. «Se Dio vuole, il nostro futuro sarà qui, nella terra dei nostri padri».

Parrocchie d'Anatolia.
Oltre i levantini

Un porto di mare

A Mersin incontro di nuovo il Mediterraneo. Questa città di quasi un milione di abitanti, alle pendici del Tauro centrale, fino all'inizio dell'Ottocento era un piccolo borgo di pescatori. Furono la costruzione della ferrovia nel 1866 e lo sviluppo dei commerci con l'Europa, l'Egitto e il Nord America a trasformarla in pochi decenni in un centro portuale di prima grandezza[1] e a farne, come ogni "porto di mare", un crocevia di flussi umani, culture e tradizioni. Arrivarono commercianti e diplomatici europei, greci provenienti dalle isole dell'Egeo, armeni fuggiti dalla Cappadocia e dalla Siria. E poi afghani, libanesi, rifugiati dell'Est Europa giunti negli anni Quaranta del Novecento. La "perla del Mediterraneo" (*Akdeniz'in İncisi*), come è chiamata dai turchi, sede nel 2013 dei Giochi del Mediterraneo, è oggi una città dinamica e industriosa. Nei gra-

---

[1] Nel 1909, nel porto di Mersin transitarono 645 navi a vapore e 797.433 tonnellate di merci (fonte: George Walter Prothero ed., *Anatolia*, British Foreign Office, Historical Section, London 1920).

ziosi giardini pubblici che costeggiano il lungomare le famigliole sono a passeggio; un nonno osserva insieme al nipotino le navi ormeggiate nella baia: sagome imponenti e familiari, sempre sullo sfondo del panorama. Da qui partono regolarmente i traghetti per Gazimagosa (Famagosta), a Cipro Nord. Oltre un largo viale bordato da palme, nella piazza del centro storico spicca la *Ulu Cami*, la Grande moschea, costruita con uno stile modernista che guasta in parte il fascino orientale del quartiere. Gli edifici d'epoca (a pochi passi sorge la casa-museo dove soggiornò Mustafa Kemal Atatürk) si contendono lo spazio con le vetrine dei negozi alla moda. Ma i centri di telefonia mobile e i bancomat non hanno sfrattato il mercato coperto tradizionale, che pullula di verdura, vassoi di *baklava*, sacchi di spezie e frutta secca appesa a grappoli ai fianchi delle bancarelle.

Il campanile in pietra ocra di Sant'Antonio sbuca un po' a sorpresa tra le vie strette, ben visibile da una certa distanza. Avvicinandosi, invece, il complesso parrocchiale della chiesa costruita dai cappuccini, che qui sono presenti dal 1853, quasi scompare dietro al solito cancello.

A darmi il benvenuto è un frate italiano, il cappuccino padre Roberto Ferrari. Gli schermi sistemati nel suo ufficio, che rimandano costantemente le immagini catturate dalle telecamere in vari angoli dello stabile, chiariscono subito il livello di guardia con cui si è abituati a vivere in una parrocchia da queste parti. Non che padre Roberto mostri di farci troppo caso. Classe 1926, questo sacerdote ossuto dall'aria insieme saggia e guascona ha trascorso su e giù per la Turchia – da Antakya a Trabzon, da İzmir a Samsun, sul mar Nero – gli ultimi sessant'anni della sua vita. Una vita avventurosa, che include una spiacevole esperienza nelle carceri turche degli anni Cinquanta (accusato di aver esportato illegalmente una campana, poi assolto) e, molto più recentemente, l'aggressione in parrocchia da parte di un giovane armato di coltello, per fortuna arrestato in tempo. Ma soprattutto un'infinità di incontri, lotte, amicizie. Gli aneddoti dell'anziano cappuccino trasudano passione, per il Vangelo e per una terra che ama, nonostante le contraddizioni.

«Negli ultimi anni la Turchia si sta muovendo sempre più verso la modernizzazione: i fondamentalisti si sentono minacciati e reagiscono con la violenza», sintetizza padre Ferrari per spiegare il clima teso che a tratti gli capita di respirare. Durante la cena, nel convento, dalla finestra aperta avverto alcune parole ingiuriose pronunciate da qualcuno che sta passando per la strada. I frati non si scompongono e accennano un mezzo sorriso, sospirando. «L'estremismo esiste e tocca una fetta non piccola della società», mi spiega padre Roberto. «Ci sono scuole islamiche che instillano l'odio contro di noi, anche se dovrebbero essere illegali...».

Una Chiesa turca

La Chiesa latina, in Turchia, sconta anche le conseguenze dei pregiudizi legati alle origini stesse della sua presenza in Asia Minore e a un passato di ambiguità che, anche in secoli più recenti, l'ha fatta percepire come *longa manus* dell'imperialismo europeo. Al tempo dei bizantini, gli imperatori erano soliti offrire concessioni commerciali nel loro territorio alle città-stato italiane, come Genova e Venezia[2]. Nel periodo ottomano si instaurò il sistema delle capitolazioni: il protettorato francese sui cristiani dell'impero è del 1535-36. Esistono storici sospetti sulla cristianità, e tuttora il cattolicesimo è associato alla presenza coloniale.

Negli ultimi anni, tuttavia, la Chiesa cattolica ha rilanciato un tentativo notevole di inculturazione, che parte dall'aspetto più immediato, e cioè l'uso della lingua della gente. La Messa, a Mersin, si celebra in turco e anche per questa ragione a frequentarla non sono soltanto i circa 600 cattolici della parrocchia (di vari riti), ma anche alcuni ortodossi, la cui comunità si aggira intorno alle mille persone. I preti, alla chiesa di Sant'Antonio, conoscono tutti la lingua locale, che usano in ogni attività parrocchiale, dalla catechesi alle iniziative per i giovani, come i cammini di formazione o i campi estivi nella vicina casa sul mare a Taşucu.

Incontro Ester, 23 anni, alle Messa feriale delle 17. Alla fine della celebrazione, mentre lo sparuto gruppo di fedeli lascia la chiesa, la giovane si ferma a raccontarmi la sua storia. Enormi occhi scuri come solo in Medio Oriente è frequente vedere, Ester proviene da una famiglia musul-

---

[2] I cattolici latini erano presenti nelle colonie pisane, genovesi, veneziane, a Costantinopoli ma anche in Anatolia, come a Trebisonda (Trabzon) e Smirne (İzmir). Una migrazione che puntava a incrementare gli scambi commerciali con l'Europa e che ebbe il suo culmine nell'Ottocento. I discendenti di questi migranti sono detti "levantini". Sacerdoti e religiosi arrivarono al seguito degli europei per offrire loro assistenza religiosa e scolastica. Le prime missioni latine risalgono al XVI secolo, mentre la prima circoscrizione ecclesiastica è del 1818: l'arcidiocesi di Smirne e vicariato apostolico dell'Asia Minore.

mana alevita, ma insieme al papà e al fratello maggiore si è pian piano avvicinata alla fede cristiana. «Mio padre a casa leggeva il Vangelo e, anche se abitavamo lontano da qui, abbiamo cominciato a venire alla catechesi», racconta. «Molti aspetti del cattolicesimo mi hanno attratta, soprattutto il perdono attraverso la confessione», mi spiega. La scelta di convertirsi, tuttavia, non è stata semplice. «I nonni erano contrari e ho subito molte pressioni, ma sono andata avanti». Da quando ha ricevuto il battesimo, Ester porta sempre al collo una catenina con una croce. «Per la strada, però, mi capita di essere insultata per questa ragione», confida. «Mi dicono *gavur*, infedele, o peggio. A scuola mi emarginavano perché non seguivo le lezioni di Corano e da quando ho iniziato a lavorare ho sempre subito discriminazioni», continua. «Ora, sebbene abbia completato gli studi universitari, devo accontentarmi di fare la segretaria, e per di più il mio datore di lavoro rifiuta di mettermi in regola…». Potrà mai esistere una vera Chiesa cattolica turca? «Sarebbe un sogno, ma ci credo poco», sospira la giovane con i grandi occhi velati dalla tristezza. «Però io non me ne voglio andare», aggiunge decisa.

Numerosi parrocchiani si sono convertiti in questi anni. Le Chiese "storiche" dell'Anatolia – armena, greco-ortodossa, siriaca… – faticano a sentirsi turche, a causa delle sofferenze subite nell'ultimo secolo. «Anche per questo stentano molto ad accettare conversioni da parte di musulmani», mi spiega padre Ferrari. «Noi, invece, se ci troviamo di fronte una persona che appare sincera e si dimostra perseverante, dopo un'adeguata preparazione accettiamo di battezzarla. Anche se questo, probabilmente, a qualcuno dispiace», butta lì il cappuccino alludendo alle intimidazioni subite in alcune occasioni.

Il coraggio dell'annuncio

Anche Ibrahim è un convertito. Lo incontro tra i libri del piccolo centro parrocchiale, sempre aperto per chi voglia informarsi sulla fede cristiana o dialogare. Questo curdo sessantaduenne, dalla pelle scura solcata di rughe, è originario di Adiyaman, vicino a Şanlıürfa, la città dove secondo la tradizione locale nacque il profeta Abramo (per i curdi Ibrahim, appunto). La sua è una storia tormentata, di dolore e di ricerca, di peregrinazioni fisiche e interiori, fino alla scoperta di quella che oggi è convinto sia la sua strada. «Mio padre era un'autorità religiosa nel nostro villaggio natale», esordisce Ibrahim. «Aveva un centinaio di studenti a cui insegnava i precetti del Corano e la lingua araba. Era un uomo severo: quando non ricordavamo bene le sure del libro sacro, ci picchiava con il bastone. Lui si aspettava che io seguissi le sue orme, ma un giorno mi sono ribellato. "Perché non ci parli di Gesù, visto che anche il Corano lo cita?", gli dissi. Mi picchiò e mi cacciò dalle lezioni. Avevo sette anni». Ma le domande di Ibrahim non si assopirono. Né da ragazzo – quando, trasferitosi a Mersin con la mamma, seguiva alla chiesa ortodossa il padrone del lavasecco che l'aveva preso a bottega –, né negli anni giovanili a İstanbul, dove si avvicinò alla Chiesa protestante grazie a un annuncio su un giornale che invitava chi volesse leggere il Vangelo. «La figura di Cristo, il suo messaggio di amore, mi erano entrati nella testa e non se ne sarebbero più andati».

Negli anni Novanta, l'uomo tornò a Mersin e lì si imbatté nella parrocchia cattolica. Cominciò ad approfondire la fede, frequentò catechesi e incontri e infine ricevette il battesimo. «Da allora annuncio il Vangelo ai turchi e soprattutto ai curdi, spiego che nel messaggio di Gesù non c'è inimicizia, c'è solo pace», racconta. Ma non corre rischi? «Certo, sono controllato, ma io opero a titolo personale per non creare problemi alla Chiesa. Devo fare molta attenzione anche perché, essendo curdo, potrebbero accusarmi di essere un separatista del Pkk per farmi tacere. Ma se siamo cristiani, dobbiamo avere il coraggio di annunciarlo a tutti».

Anche la scelta di fra Hanry Leylek ha origine nel desiderio di «far conoscere agli altri il messaggio del Vangelo». Nato nel 1963 ad Antiochia da padre ortodosso e madre cattolica, Hanry è oggi un frate cappuccino: passa le giornate insieme ai giovani che frequentano la parrocchia a Mersin, anche se non di rado è in trasferta nei luoghi storici della cristianità in Turchia, al seguito dei gruppi di pellegrini che arrivano sempre più numerosi, e ai quali prova a trasmettere la sua passione (e competenza) per l'archeologia religiosa. «Fin da bambino ho frequentato la Chiesa cattolica», mi racconta in un raro momento di calma, nel suo ufficio. «La vocazione a consacrarmi è maturata pian piano, attraverso l'amicizia con tanti frati e persone di fede». Oltre ad essere un frate oriundo, fra Hanry è anche un conversatore stimolante, che parla senza peli sulla lingua, il che ne fa un interlocutore per me particolarmente interessante. Quando gli chiedo come vivano quotidianamente i cristiani di Turchia, va subito al punto: «La legge dice che sono cittadini come tutti gli altri, con uguali diritti e doveri, e in effetti esteriormente non si notano differenze. Ma in molti contesti, a livello statale e soprattutto nell'ambiente militare, questa presunta uguaglianza non esiste». Per il frate, la diffidenza e le forme di discriminazione ancora esistenti si spiegano con il modello di pensiero unico imposto dal nazionalismo repubblicano, dopo il crollo dell'Impero ottomano e fino agli anni recenti: «Per lo Stato, i cristiani rappresentano una voce fuori dal coro, un modo di pensare diverso da quello maggioritario e quindi visto come pericoloso, sovversivo», sostiene. Una Chiesa turca, dunque, «potrà esistere solo quando questa paura della diversità sarà vinta, e si lascerà vera libertà». E della Turchia nell'Unione europea, che cosa ne pensa? Fra Hanry risponde con una battuta: «La Turchia è già in Europa, con milioni di migranti turchi bene accolti come cittadini con uguali diritti e doveri degli altri, ma è l'Europa, e cioè la tradizione democratica europea con il rispetto dei diritti delle minoranze, a non essere ancora in Turchia!».

Fra Hanry sorride. «Detto tutto questo, io sono ottimista per il futuro dei cristiani turchi. Basta che non siano cristiani solo a parole, ma vivano il Vangelo e lo annuncino. Questa, dopo un secolo di rancori e paure, sarebbe la risposta più efficace alle ingiustizie subite».

Esserci, senza parole

Da Mersin a Tarso, basta mezz'ora di treno. Un viaggio rapidissimo e insieme l'ennesimo balzo in una diversa dimensione simbolica: Tarso, la città natale di Saulo, persecutore dei cristiani che, dopo la folgorazione sulla via di

Damasco, sarebbe diventato il primo e più appassionato annunciatore del messaggio di Gesù ai pagani. Quella di *Aziz Paulus*, san Paolo, è oggi una presenza sottotraccia nel cuore storico della città: per i cittadini locali, praticamente tutti musulmani, la sua figura non costituisce un punto di riferimento spirituale. D'altra parte, mentre mi avvicino alla città vecchia, mi imbatto nel Saint Paul Parkı, un piccolo giardino cittadino inaugurato dalla municipalità nel 2008, l'anno che Benedetto XVI aveva voluto dedicare appunto all'apostolo delle genti, nel bimillenario della sua nascita. L'iniziativa ha costituito indubbiamente un'occasione di rilancio per la cittadina della Cilicia, che non solo nell'anno giubilare accolse molte migliaia di pellegrini, ma che da allora è regolarmente inclusa nelle tappe dei tour dei turisti della fede. E non soltanto loro. Nella struttura che ospita il "pozzo di san Paolo", visitatori musulmani leggono con interesse i pannelli esplicativi che raccontano la storia di questo reperto di epoca romana, associato tradizionalmente alla casa in cui visse Saulo.

Nell'antico quartiere ebraico sono aperti alcuni negozietti di souvenir. Mentre osservo una vetrina, la proprietaria di una piccola bottega di ricami mi rivolge la parola, incuriosita: mi chiede da dove vengo, come mai sono a Tarso, se la Turchia mi piace. Quando le spiego che sto cercando alcune suore che dovrebbero abitare poco lontano, si ferma un attimo a pensare. «Ah, le signore italiane!», esclama soddisfatta per l'intuizione. «Seguimi», mi rassicura, sistemando un avviso di chiusura temporanea sulla porta della bottega. La donna si avvia con passo deciso tra le viuzze acciottolate, chiedendo di tanto in tanto informazioni alle signore del vicinato. In capo a dieci minuti, mi trovo di fronte alla casa dove vivono suor Maria, suor Cornelia e suor Agnese, religiose della congregazione delle Figlie della Chiesa, di stanza a Tarso dal 1994 per volontà di monsignor Ruggero Franceschini, attuale arcivescovo di İzmir.

«Che cosa facciamo qui? Nulla, perché siamo considerate nulla, come ci dissero senza mezzi termini alcune persone del luogo appena arrivammo!». L'esordio di suor Agnese Trabaldo è forse un po' radicale, ma efficace nel suo intento di sintetizzare il ruolo di una presenza minimale e totalmente informale, in un contesto dove, non essendoci fedeli cristiani, non esistono attività pastorali di sorta. In realtà, le religiose si occupano principalmente dell'accoglienza ai pellegrini, «che arrivano costantemente, da ogni parte del mondo», racconta suor Agnese accompagnandomi alla chiesa di San Paolo, ristrutturata pochi anni fa e riaperta al pubblico, anche se soltanto come museo. Salvo nel caso in cui, come oggi, si attenda l'arrivo di una comitiva che, previa comunicazione ufficiale al custode, sia stata autorizzata a celebrare la Messa. Allora, le suore approntano a tempo di record l'altare, issano su un'asta un piccolo crocefisso dorato e accolgono i visitatori. Ai quali, dopo la Messa, raccontano in poche parole il senso del loro esserci: «Noi semplicemente siamo presenti, cerchiamo di testimoniare la nostra fede e di essere vicine alla gente, in particolare ai bisognosi, con la discrezione che la situazione richiede».

Suor Agnese mi spiega che, appunto per il fatto che le religiose non rappresentano ufficialmente alcuna istituzione, anche i gesti di solidarietà non devono essere soggetti ad alcuna ambiguità: «Non distribuiamo denaro a nessuno. Se veniamo a conoscenza di una situazione di bisogno, ci rivolgiamo al responsabile del quartiere e diamo il nostro contributo. Oppure, offriamo un rimborso in cambio di lavori domestici». Insomma, anche nel dare una mano ci vuole creatività, e non si trascura mai la sensibilità al contesto. Uno stile che dalla gente, oggi, è notato e apprezzato: «Le persone ci dimostrano in tanti modi la loro amicizia e stima», raccontano le suore. Le quali da Tarso si spostano spesso a Mersin per seguire le attività con i giovani, insegnare il catechismo ai bambini, curare l'animazione liturgica. E ancora occuparsi dell'assistenza ai poveri attraverso la Caritas, e delle adozioni a distanza di alcuni ragazzi. Quando tornano a casa la sera, però, rientrano nel loro "deserto di parole": l'annuncio è solo la testimonianza, ancor prima la presenza. «Prima di venire qui – mi dice suor Agnese – ho fatto 30 anni di America Latina, ma non ho mai provato tanta gioia di essere cristiana come qui, in mezzo ai musulmani…».

Tanti volti per una Chiesa

Un altro mare. Questa volta è l'Egeo, che si allunga, azzurro e luccicante, nel Golfo di İzmir, Smirne. Sono arrivata in questa vivace metropoli (è la terza città turca per numero di abitanti) con un volo interno, per incontrare monsignor Ruggero Franceschini, arcivescovo della città e, dal tragico assassinio di monsignor Luigi Padovese nel 2010[3], amministratore apostolico del vicariato dell'Anatolia[4].

---

[3] Cfr. *infra*, "Testimoni e martiri", p. 117.
[4] La sede del vicariato si trova a İskenderun.

İzmir, che contese a Milano l'assegnazione dell'Expo 2015, è un importante centro urbano di tre milioni e mezzo di abitanti: possiede un porto commerciale di prim'ordine, un'industria attiva e un interessante fermento culturale; anche se la Smirne cosmopolita, dalla lunga tradizione di convivenza pacifica tra diverse comunità etniche e religiose, andò in fumo per sempre nel "fuoco catastrofico" del 1922, quando al culmine del conflitto tra le truppe greche e le forze di Kemal Atatürk la città fu data alle fiamme, tra violenze efferate. L'emigrazione forzata di tutti gli abitanti di origine greca, conseguenza dell'accordo sullo scambio di popolazione tra Grecia e Turchia, cancellò definitivamente le tracce di ciò che Smirne era stata, completando l'opera del fuoco. Un episodio che ha lasciato una ferita indelebile nella comunità greco-turca, come racconto nel prossimo capitolo.

Monsignor Franceschini mi accoglie nella parrocchia di *Sen Polikarp*, a pochi metri dal *kordon*, il lungomare che alla sera si anima della movida cittadina, tra i ristoranti di pesce e i locali alla moda. Anche lui cappuccino, originario del Modenese, Franceschini fu nominato vicario apostolico dell'Anatolia nel 1993 ed è pastore dell'arcidiocesi di İzmir dal 2004.

«La nostra è una Chiesa dai tanti volti», premette il prelato all'inizio della nostra conversazione nel suo ufficio, circondati da scaffali colmi di libri e davanti a una moka di caffè all'italiana. «Come comunità cattolica di Turchia, viviamo in situazioni completamente differenti l'una dall'altra: se il contesto di İstanbul è quasi europeo, nel vicariato dell'Anatolia abbiamo a volte persino problemi di "sopravviven-

za". Si tratta anche della naturale conseguenza di una realtà socio-economica molto diversificata: mentre in certe
zone l'economia sta crescendo a ritmi record, in altre c'è
meno industrializzazione e quindi meno occupazione. Senza contare i conflitti che rendono "caldi" i confini, e dunque molto precaria la vita di chi vive in queste regioni».

Quello di İzmir, spiega l'arcivescovo, è un ambiente laico:
«Qui viviamo abbastanza tranquilli e, di norma, le autorità rispettano e riconoscono la nostra fede, sebbene ri-
mangano difficoltà soprattutto in certi settori, come le
scuole, dove l'influenza di Ankara è più forte. Noi viviamo in mezzo ai problemi della gente e cerchiamo di dare
una mano». C'è una sede della Caritas, che opera in particolare per i bambini di strada e i malati, dove volontari
cristiani e musulmani collaborano per aiutare chi ha bisogno, senza distinzioni.

Chiedo a monsignor Franceschini come definirebbe, in
base alla sua esperienza, lo stato della libertà religiosa in
Turchia. «Nel Paese cambiare religione è legale – conferma –, ma diventare cristiani non è così facile. Lo è di più
per chi è benestante, mentre i poveri sono soggetti a ri-
torsioni sul posto di lavoro. Ancora una volta, la situazione varia a seconda delle zone: se a İzmir ci sentiamo abbastanza tranquilli, io stesso ho consigliato ad alcune ragazze di Mardin, nell'est del Paese, di evitare di esplicitare la loro fede nel contesto universitario…».

Per quanto riguarda gli ostacoli incontrati dai cristiani nella vita quotidiana, l'arcivescovo chiarisce: «Non viviamo
una sopraffazione, ma senz'altro una forte limitazione nei
diritti. Per esempio, non possiamo restaurare una chiesa,

né costruirne una nuova; non possiamo riunirci in modo visibile o fare una processione... Siamo liberi di praticare la nostra fede, ma in privato. E sebbene tutte le religioni dovrebbero essere sullo stesso piano, in realtà lo Stato favorisce l'islam, perché la tradizione pesa ancora molto. A dire il vero, spesso il problema non è tanto la sostanza, ma che sia rispettata una certa forma». In altre parole, la pressione sociale porta a mantenere un basso profilo.

Sugli sviluppi politici dell'ultimo decennio, il prelato non nega alcune novità importanti, tra cui la scelta di invitare anche i rappresentanti cattolici alle consultazioni in vista della stesura della nuova Costituzione, la quale tratteggerà il volto che la nuova Turchia deciderà di darsi. Inoltre, «dopo la decisione di restituire i beni confiscati alle minoranze religiose riconosciute dal trattato di Losanna, sembra che ci sia la volontà di trovare i modi per risarcire anche le altre comunità», aggiunge monsignor Franceschini. Il quale, invitato a delineare invece le sfide principali per la Chiesa latina in Turchia, torna alla questione chiave, ossia la capacità di non essere più in alcun modo "straniera": «È fondamentale che sia adottata in pieno la lingua turca nella liturgia, ma anche che si dia più spazio alle forze locali, mentre spesso fatichiamo a farlo».

Insomma: partecipare, essere parte, è allo stesso tempo un diritto rivendicato e un imperativo in cui investire le proprie energie migliori.

Dalla catastrofe al futuro.
I greco-ortodossi

Il passato cancellato

Un turista distratto che si trovasse a passeggiare per le vie della moderna İzmir, l'antica Smirne, potrebbe facilmente pensare che una comunità greca, qui, non sia mai esistita. Solo qualche edificio in stile neoclassico e rare chiese ortodosse dai nomi inequivocabili, come Aghios Voukolos o Aghia Fotini, fanno rivivere a tratti, a chi li cerchi con attenzione, i fantasmi del passato. Arduo ritrovare qualche traccia di quella che i turchi ottomani chiamavano "*gavur* İzmir", "Smirne l'infedele", alludendo all'alta percentuale di non musulmani – greci ma anche armeni, ebrei, levantini[1] – che vivevano in città.

In quello che era un importante scalo commerciale, la popolazione era multietnica, multireligiosa, poliglotta. In particolare, İzmir ospitava un'alta percentuale di *rum*[2], i

---

[1] Qui sorse anche una comunità italiana, che all'inizio del XX secolo arrivò a contare circa 6-7.000 membri.

[2] La parola *rum*, che significa "romani", venne utilizzata già a partire dalla conquista ottomana di Costantinopoli. Trae la sua origine dal termine *romioì* ("romei" nella traslitterazione italiana), con cui si autodefiniva la

cittadini di origine greca, che a metà Ottocento rappresentavano una delle colonne della borghesia ottomana. I *rum* erano ben rappresentati tra i banchieri e gli armatori, i costruttori di ferrovie e gli industriali, i medici, i commercianti, i diplomatici. La loro impetuosa crescita demografica contribuì allo sviluppo della comunità: tra il 1830 e il 1860, mentre la popolazione turca di İzmir scendeva da 80 a 41 mila persone, quella greca si impennava, passando da 20 a 75 mila unità. Ma presto le cose sarebbero cambiate, tragicamente.

Già prima della nascita della Turchia moderna, le relazioni travagliate tra la Sublime Porta e la Grecia, indipendente dagli anni Venti dell'Ottocento, influenzarono la condizione della popolazione *rum*. Dopo lo scontro per Creta e le guerre balcaniche, fu la sconfitta ottomana nel primo conflitto mondiale a far degenerare definitivamente la situazione. L'impero in disfacimento cedette l'amministrazione di Smirne alla Grecia[3], ma l'invasione dell'Asia Minore da parte dell'esercito di Atene provocò la reazione del generale Mustafa Kemal: il 13 settembre 1922 la città, riconquistata, fu devastata da un catastrofico incendio che distrusse gran parte del nucleo storico. Tra violenze e saccheggi si scatenò la caccia ai greci (e in generale ai cristiani): decine di migliaia di persone furono massacrate. «La gente, disperata, si gettava in mare nella speranza di essere salvata dalle na-

---

popolazione greca dell'Impero bizantino, considerandosi la legittima discendente dell'Impero romano.

[3] Trattato di Sèvres, del 1920.

vi degli Alleati[4] che erano nel porto, ma la maggior parte non fu presa a bordo. Fu una carneficina». A raccontarmi alcuni strazianti episodi di quella che per i greci è la *Mikrasiatiki katastrofi*, la catastrofe dell'Asia Minore, è Aris Ioannidis, un amico greco che, di tanto in tanto, viene come turista in Turchia, dove ha radici la sua famiglia, rimasta vittima delle pesanti discriminazioni (a volte veri e propri pogrom) subite nel corso del Novecento dalla comunità greco-turca. «Nel 1935 mio padre fu licenziato dalla banca in cui lavorava, in seguito alla politica delle quote su base etnica promossa dal governo», mi confida Aris. «Così i miei genitori emigrarono ad Atene, in cerca di un lavoro per poter sopravvivere. Lì furono accolti in alcuni locali messi a disposizione dalla Chiesa cattolica di rito orientale. In città in quegli anni si era riversata una massa impressionante di profughi, espulsi dalla Turchia a causa dello scambio di popolazioni deciso nel 1923».

Si tratta dell'accordo raggiunto col trattato di Losanna, in seguito al quale circa un milione e mezzo di *rum*, che in molti casi non avevano mai visto la "madrepatria" perché i loro antenati avevano abitato l'Asia Minore da millenni, furono costretti a "tornare" nell'Ellade. «Quest'ondata di disperati arrivò senza nulla, se non le icone sacre: la maggior parte non aveva casa, né lavoro. In seguito all'arrivo dei profughi la popolazione greca aumentò all'improvviso del 20%! Io, che sono nato nel 1945, ricordo ancora l'enorme baraccopoli che ad Ate-

---

[4] Cioè navi americane, francesi, inglesi o italiane.

ne ospitava chi non aveva trovato alternative», racconta ancora Aris.

Lo scambio di popolazioni non fu drammatico soltanto per la comunità greca. Quasi 500 mila cittadini di etnia turca, che vivevano da generazioni in Grecia, furono allontanati alla volta della neonata Turchia. Unica eccezione all'esodo forzato fu fatta per i circa 120 mila musulmani che abitavano la Tracia, così come per altrettanti greci di İstanbul. Ma per i *rum* che rimasero nella *polis* – Costantinopoli – la vita non sarebbe stata facile.

Memorie dolorose

Il Corno d'Oro, con la vita brulicante sulle sue sponde e il profilo mozzafiato della città riflesso nelle sue acque, mi dà di nuovo il benvenuto nell'atmosfera unica di İstanbul: quell'atmosfera evocata con dolente nostalgia in tanta letteratura e cinematografia turco-ellenica. Oggi, uno dei pochi angoli della metropoli dove è possibile trovare qualche segno visibile della presenza della comunità greco-ortodossa è l'*Aya Triada kilisesi*, la chiesa della Santa Trinità, la cui cupola spicca nel quartiere di Beyoğlu a poca distanza da piazza Taksim. Qui mi ha dato appuntamento Laki Vingas, rappresentante delle minoranze nel Consiglio delle Fondazioni, le uniche istituzioni in cui gli enti religiosi in Turchia possono organizzarsi. Vingas, che mi accoglie nel suo ufficio nello stabile attiguo alla grande chiesa, in cima alla quale svettano due campanili gemelli, è un esponente della comunità greco-ortodossa istanbuliota. Uno dei pochi "superstiti" di un secolo di odi e dolore[5]. «In cinquant'anni, noi greco-turchi siamo passati da 100 mila a meno di 3 mila persone», afferma a bruciapelo, come per lasciare ai nudi numeri l'incombenza di raccontare una storia di discriminazioni reiterate.

Fin dai primissimi anni della Repubblica, in effetti, la comunità *rum* divenne bersaglio di misure penalizzanti e campagne di intolleranza. Ci fu la legge del 1932 che proibiva ai cittadini greci di esercitare oltre 30 mestieri e professioni – dal sarto al carpentiere, dall'avvocato al medico – e poi l'imposta sulla proprietà (la famigerata *Varlık Vergisi* del 1942), che colpì duramente le comunità, come appunto quella greca (ma anche armeni ed ebrei), che detenevano potere commerciale e immobiliare: in molti, perse casa e bottega, decisero di andarsene. Ma l'episodio che resta più drammatico nella memoria risale al 1955: il 6 e il 7 settembre, in reazione alle voci su un attentato di matrice ellenica al consolato turco di Salonicco (la cui responsabilità invece si rivelò poi degli stessi turchi), a İstanbul si scatenò l'inferno: in un vero e proprio pogrom anti-greco le chiese furono devastate, i cimiteri profanati, molte botteghe dell'europea Rue de Péra, l'attuale İstiklal Caddesi, furono date alle fiamme. Di nuovo, molte migliaia di persone abbandonarono la città. E ancora: nel 1964, in seguito all'ennesimo scontro diplomatico tra Ankara e Atene sulla questione di Cipro, il governo turco ordinò la deportazione di decine di migliaia di *rum* di İstanbul in possesso di passaporto greco – inclusi quelli

---

[5] Si stima che in tutta la Turchia nel 1922 i greco-ortodossi fossero ancora due milioni.

sposati a cittadini turchi – e confiscò le loro proprietà e attività commerciali.

«È vero, la nostra storia è costellata di episodi dolorosi e non posso negare che il passato pesi ancora, ma non ho esitazioni ad affermare che oggi il clima nei nostri confronti è decisamente cambiato».

Una nuova pagina

Laki Vingas riprende a parlare con un tono convinto. «La Turchia ha voltato pagina, negli ultimi anni abbiamo assistito a un grande miglioramento in termini di ascolto delle nostre istanze: il governo ci interpella su ciò che consideriamo prioritario e dimostra di tenere in conto il nostro parere». Anche i gesti simbolici, secondo Vingas, sono importanti per favorire una nuova visione di rispetto e convivenza. «Per questo è stato molto bello, ad esempio, vedere vari rappresentanti dello Stato seduti insieme a noi in un pranzo pasquale organizzato secondo le tradizioni greche, così come noi avevamo preso parte a un *iftar*, il pasto di chiusura del mese sacro islamico di Ramadan, insieme a esponenti istituzionali».

Soprattutto, tuttavia, a contare sono alcuni segnali di discontinuità rispetto al passato, «come la concessione, dopo quasi un secolo, di celebrare la messa in chiese chiuse o rese museo da decenni». Nel 2010, per la prima volta dopo 88 anni, la comunità ortodossa turca, insieme ad almeno 15 mila pellegrini giunti per l'occasione da varie parti del mondo, poté partecipare alla solenne funzione nel giorno della "Dormizione della *Theotòkos*", il 15 agosto, nel monastero di Sümela, la "Montecassino d'Oriente" nella provincia di Trabzon (l'antica Trebisonda, sul Mar Nero). Una celebrazione, presieduta dal patriarca ecumenico Bartolomeo I, poi ripetuta negli anni seguenti. Particolarmente significativa anche la cerimonia officiata dal patriarca nel giugno del 2013 nella chiesa di Santa Macrina la Giovane, nella provincia di Niğde, in Cappadocia, alla presenza tra l'altro di delegazioni del governo greco e di varie associazioni internazionali. Si trattava della prima funzione religiosa tenuta nella chiesa da 90 anni.

«Tutte queste persone che si sono riunite qui sono discendenti degli antichi cappadoci», disse Bartolomeo I in quell'occasione[6]. «Essi ricordano sempre che le loro radici sono qui: hanno ascoltato le storie di questa bellissima regione dai loro nonni e ne hanno letto nei libri. Essi vogliono pregare nelle chiese dove i loro antenati pregavano, si sposavano, venivano battezzati. Grazie a queste visite, i turchi e i greci stanno sviluppando una nuova amicizia reciproca, che favorisce anche il senso di unità». Parole importanti, non certo pura diplomazia di facciata, visto che, tra l'altro, il patriarca ecumenico non aveva rinunciato a usare parole chiare sul passato: «Il Signore sa quanti gemiti e grida, quanta disperazione e angoscia, da parte dei 35 mila greci-ortodossi che vivevano allora a Niğde, vennero sentiti dai nostri avi»[7].

A fianco di questo clima finalmente meno velenoso, Laki Vingas, che è il primo non musulmano a ricoprire il suo

---

[6] *Hürriyet Daily News*, 11 giugno 2013.
[7] *L'Osservatore Romano*, 14 giugno 2013.

ruolo nel Consiglio delle Fondazioni, tiene a sottolineare un altro avvenimento storico, fattomi già notare da vari rappresentanti di minoranze cristiane: «Un decreto del 2011 ha stabilito la restituzione alle Fondazioni religiose non musulmane di migliaia di proprietà confiscate dal governo dopo il 1936[8], tra cui scuole, ospedali, cimiteri: un atto di giustizia che attendevamo da tempo, visto che una parte rilevante della nostra identità comunitaria è legata a edifici come chiese, monasteri, scuole».

La restituzione più importante in termini di significato è avvenuta nel gennaio 2013: si tratta di 190 ettari di foresta appartenenti al seminario di Halki, sull'isola di Heybeliada, una delle Isole dei Principi nel mare di Marmara al largo di İstanbul. «Anche se altri risarcimenti alla nostra comunità sono stati più consistenti economicamente, questo ha un'importanza simbolica particolare, visto che ha a che fare con una ferita ancora aperta», commenta Vingas. La scuola teologica di Halki, costruita nel 1844, rappresentava infatti l'unica in cui la minoranza *rum* aveva la possibilità di formare il proprio clero. Ma nel 1971, in un periodo di tensioni con Atene per la politica anti-turca dei Colonnelli e nel contesto di un generale giro di vite verso le scuole religiose (anche musul-

---

[8] Secondo il decreto, le Fondazioni delle minoranze hanno la possibilità di reclamare le proprietà immobiliari che avevano dichiarato nel 1936, compresi i cimiteri, e potranno ottenerne la restituzione. Per quelle attualmente appartenenti a terzi, e non più allo Stato, è previsto un risarcimento. Si calcola che, in tutto, lo Stato turco debba restituire circa 165 proprietà.

La legge sulle Fondazioni del 1936 puntava a controllare le Fondazioni non musulmane ponendole sotto il controllo del Direttorato generale per le Fondazioni (VGM); quelle attualmente legate alla comunità greca sono 75.

mane), la struttura fu chiusa dal governo e da allora i greco-ortodossi non hanno alcuna scuola in cui educare seminaristi locali. Nonostante le pressioni internazionali – tra l'altro da parte dell'Unione europea e della presidenza statunitense, che hanno più volte auspicato la riapertura di Halki come necessità legata al riconoscimento della libertà religiosa – le ripetute promesse di Ankara sulla questione non sono ancora state mantenute.

Le ombre sul futuro

«La mancanza di luoghi dove formare i giovani orientati al sacerdozio è alla base di molti problemi per il nostro avvenire», commenta il mio interlocutore, spiegandomi che la carenza di clero nato e cresciuto in Turchia rappresenta, insieme ai numeri esigui e all'invecchiamento della comunità, una preoccupazione costante per una minoranza spesso definita "in via di estinzione". «Da parte mia, sul futuro io sono fiducioso nonostante tutto», afferma Vingas, che è padre di tre figli. «Prima di tutto perché sono un uomo di fede. Ma c'è altro. In una città come questa, che offre molto ai giovani, ci sarà sempre spazio per i greci, anche perché l'identità stessa di İstanbul risiede anche nella nostra comunità. Un eventuale ingresso della Turchia nell'Unione europea, poi, avrebbe effetti positivi sulla nostra vita quotidiana in termini di tutela dei diritti e incoraggerebbe il processo di ritorno dei greci le cui famiglie si erano rassegnate ad abbandonare la loro terra».
Tuttavia, secondo Vingas, anche alla comunità greca di Turchia è chiesto un atteggiamento nuovo: «Dobbiamo

fare lo sforzo di guardare avanti e di non porci solo sulla difensiva. È vero: subiamo ancora delle limitazioni, restiamo prudenti sul fronte della libertà di espressione e scontiamo gli effetti del mancato riconoscimento giuridico delle Chiese, ma dall'altra parte è ora che prendiamo atto della necessità di ripensarci, come struttura, in senso moderno: non possiamo continuare a difendere formule di tipo ottomano, dobbiamo invece trovare quelle adeguate al nostro tempo, per esempio creando centri culturali, ong… Come minoranze, inoltre, dobbiamo intensificare la collaborazione tra noi, per parlare a una sola voce e farci ascoltare di più. Proprio per questo abbiamo fondato la rivista *Paros*, che è scritta in turco ma approfondisce temi legati appunto alle comunità minoritarie: in questo modo cerchiamo di far capire alla società i nostri problemi e il nostro punto di vista, combattendo gli stereotipi e le faziosità».

L'accenno a *Paros* mi ricorda una storia interessante, legata proprio a un giornale, indicativa di quel nuovo clima che secondo Laki Vingas deve essere riconosciuto e incentivato. Nel luglio del 2011, lo storico quotidiano in greco *Apogevmatini*, fondato a İstanbul nel 1925, si trovava sull'orlo del fallimento e il suo editore ne aveva annunciato la chiusura. La testata, che in origine vendeva circa 30 mila copie – tra i lettori c'erano anche i turchi ellenofoni giunti dalla Grecia dopo lo scambio di popolazione del 1923 –, negli ultimi anni ne raggiungeva appena 600. A far precipitare la situazione, poi, era stato il taglio delle inserzioni pubblicitarie da parte delle compagnie greche in conseguenza della crisi economica, la quale aveva spinto anche il Consolato greco a sospendere le sovvenzioni al giornale. L'editore Michalis Vassiliadis, dunque, dichiarò pubblicamente che il 12 luglio, nel giorno del suo 86° "compleanno", *Apogevmatini* avrebbe chiuso i battenti. L'annuncio fece partire una campagna su Internet per evitare la fine di una testata dalla forte importanza simbolica: in un paio di giorni il numero di chi decise di aderire attraverso Facebook raggiunse le 10 mila persone, mentre 200 cittadini turchi, tra cui accademici, studenti universitari, scrittori e giornalisti[9], sottoscrissero l'abbonamento. «Ciò che sta succedendo è incredibile», dichiarò Vassiliadis, che per la prima volta nella storia del quotidiano pubblicò un testo in turco, in cui ringraziava i sostenitori. Anche il governo decise di stanziare 45 mila lire (circa 17 mila euro) all'interno di un piano di sostegno alla stampa delle minoranze. E *Apogevmatini* fu salvato.

Nel cuore dell'ortodossia

A Fatih una donna con il capo scoperto dà nell'occhio. Il quartiere che costeggia la riva meridionale del Corno d'Oro è una delle zone più conservatrici e popolari della metropoli. Lungo le stradine ripide e silenziose, su cui i garzoni trascinano a braccia carretti di merci colmi all'inverosimile, si affacciano case dai muri scrostati e villette in rovina. Volti femminili si intravedono dietro le grate delle finestre, da cui i bimbi, seduti con le gam-

---

[9] Tra cui l'attuale direttore del quotidiano liberale *Taraf*, Oral Çalışlar.

be a penzoloni, osservano curiosi i rari turisti di passaggio. Molte di queste abitazioni, oggi occupate da famiglie giunte negli ultimi vent'anni dalle aree rurali dell'Anatolia, un tempo appartenevano a *rum*. Proprio nel distretto di Fatih, che corrisponde alla penisola storica dell'antica Costantinopoli racchiusa dalle mura teodosiane, sorge infatti il quartiere di Fener – per i greci Phanar – che dal 1601 ospita la sede del patriarcato ecumenico ortodosso. Ben pochi indizi, tuttavia, tra queste vie scarsamente frequentate lascerebbero pensare che proprio qui, nella modesta chiesa di *Aya Yorgi* (San Giorgio), protetta e semi-nascosta da un alto cancello, ha la sua sede il più importante riferimento spirituale per 250 milioni di fedeli ortodossi nel mondo: il *primus inter pares* tra tutti i patriarchi.

Bartolomeo I, nato Dimitrios Archontonis il 29 febbraio 1940 sull'isola di Imbros (oggi Gökçeada), personalità carismatica di altissimo livello e insieme uomo pratico e dai modi semplici, è il simbolo vivente di una tradizione antichissima. Allo stesso tempo, da quando è stato scelto per diventare il 270° successore dell'apostolo Andrea, nel 1991, ha costantemente puntato la sua attenzione alle istanze più urgenti della modernità – è nota la sua spiccata sensibilità per la questione ambientale –, così come alle sfide che il futuro riserva al suo piccolo gregge in Turchia. Una delle quali riguarda la successione al suo stesso seggio. Il "patriarca greco-ortodosso", come è definito dal governo che si ostina a non riconoscerne l'"ecumenicità", deve infatti essere un cittadino turco: ma la maggior parte dei candidati qualificati per occupare il posto di Bartolomeo I non lo è. Una distorsione collegata alla già citata chiusura del seminario di Halki, e che contribuisce al senso di precarietà vissuto dalla comunità *rum*. Le rivendicazioni ripetutamente portate dal patriarca in tutte le sedi istituzionali e nei più disparati contesti ufficiali si sono sempre scontrate con un nazionalismo cieco e anacronistico ancora presente in un certo settore della politica, e che invoca un principio di reciprocità secondo cui, alla riapertura della scuola teologica, dovrebbero corrispondere proporzionate concessioni alla popolazione turca che vive in Grecia: la costruzione di una moschea ad Atene[10], ma anche la possibilità per il governo di Ankara di eleggere i mufti della Tracia occidentale.

Bartolomeo, da parte sua, ha costantemente distolto l'attenzione dalla polemica politica, non risparmiando risposte ironiche a chi azzardava ipotesi sulla volontà occulta di ricreare la "Nuova Roma" di bizantina memoria, per riportarla invece al piano spirituale e a quello della libertà religiosa nel suo amato Paese, che definisce «una Terra Santa per la cristianità, paragonabile a Gerusalemme».

Anche la lunga serie di "prime volte" storiche di cui è stato protagonista negli ultimi anni – tra cui la prima visita di un ministro degli Esteri turco al Phanar dal 1950

---

[10] Il premier Erdoğan, nel contesto del dibattito seguito alla presentazione, il 30 settembre 2013, del pacchetto di riforme democratiche che ha concesso alcuni nuovi diritti alle minoranze, ha rilanciato parlando della necessità di «aprire due moschee ad Atene» (cfr. *Today's Zaman*, 8 ottobre 2013).

e quella, senza precedenti, da parte della più alta autorità musulmana del Paese – sono state declinate dal patriarca ecumenico nell'ottica del dialogo, del ponte tra fedi: occasioni per realizzare il passaggio dalla *realpolitik* al riconoscimento reciproco in funzione del bene comune.

Nella categoria delle "prime volte", o meglio in questo caso dei veri e propri eventi storici, rientra un passo che il Patriarca ha voluto compiere nel cammino per sanare un'altra ferita antica e dolorosissima: quella della divisione tra le Chiese sorelle d'Oriente e d'Occidente[11], che proprio a Costantinopoli ha avuto le sue pagine più buie. E così, dopo lo storico abbraccio tra Atenagora I e papa Paolo VI, avvenuto a Gerusalemme nel 1964, Bartolomeo ha compiuto un gesto senza precedenti dai tempi del grande scisma del 1054, partecipando alla cerimonia di inizio del Ministero petrino di papa Francesco in Vaticano, il 19 marzo 2013. Un gesto dal fortissimo valore simbolico nel senso dell'ecumenismo, a cui è seguito l'invito – accolto – di tornare insieme a Gerusalemme nella primavera del 2014.

Il *Rum Ortodoks Patrikhanesi*, che domina il Corno d'Oro senza troppo clamore, ha dunque un cuore che pulsa ben oltre la collina di Fener. E oltre le memorie di sangue che ancora, quassù, non sono state cancellate. Arrampicandosi sulla salita che costeggia la facciata in mattoni rossi della scuola del patriarcato, nascosta dietro a un muretto e a un portone di ferro chiuso, si scorge la torretta della chiesa dedicata alla *Theotòkos Pana-*

---

[11] Cfr. la cronologia in coda al capitolo.

ghiotissa, nota alle guide come Santa Maria dei Mongoli[12]. Costruita nel XIII secolo (poi più volte ristrutturata), si tratta dell'unica chiesa della città che non ha mai smesso di funzionare dai tempi di Bisanzio. I turchi la conoscono come la *Kanlı kilise*, la "chiesa del sangue": il 29 maggio del 1453, giorno della caduta di Costantinopoli, proprio in cima a questa collina si consumò l'estrema resistenza greca all'invasione degli ottomani di Mehmet il Conquistatore (in turco Fatih, da cui il nome del distretto, che ospita l'omonima moschea e la venerata tomba del Conquistatore). Su una parete, tra l'iconostasi e arredi sacri dorati, protetto da un vetro è esposto quello che secondo la tradizione è il *firman* (il decreto sultaniale) con cui lo stesso Mehmet II avrebbe donato la chiesa alla madre di Christodoulos, l'architetto greco che aveva realizzato la moschea Fatih, garantendo la protezione della comunità ortodossa. Fu proprio questa concessione, confermata poi dal firmano del sultano Bayazid II, a tutelare nei secoli a venire il luogo di culto dai tentativi di convertirlo in moschea.

«Fino a pochi anni fa eravamo abituati alle sassaiole contro il muro di cinta della chiesa», confessa il custode. «Ora va meglio, ma qualche testa calda in cerca di provocazioni può ancora capitare…», ammette. La sua espressione lascia intendere che la serenità, nel quartiere, non è ancora definitivamente ristabilita.

---

[12] La fondazione della chiesa si fa infatti risalire a Maria Paleologhina, figlia naturale dell'imperatore Michele VIII Paleologo e vedova del *khan* mongolo Abaqa.

Di nuovo a scuola

Il patriarca ecumenico, tuttavia, per carattere o per vocazione è portato a scorgere gli spiragli di luce in un panorama che a tratti può apparire fosco. Sottolinea, ad esempio, il fenomeno recente dei «tanti giovani che arrivano dalla Grecia con l'intento di stabilirsi in Turchia: una tendenza opposta rispetto al passato». In effetti, complice anche la crisi economica greca, alcuni *trend* che sembravano inarrestabili stanno mutando, aprendo prospettive inattese. Proprio nel villaggio natale di Bartolomeo I, Zeytinli, sull'isola di Imbros all'imbocco dei Dardanelli, a settembre del 2013 ha riaperto i battenti la scuola elementare della comunità greco-ortodossa, che era stata chiusa nel 1964 ai tempi delle deportazioni. Il primo giorno di lezione, gli alunni seduti ai banchi erano solo quattro, ma la speranza di tutti, a Zeytinli, è che la riapertura delle elementari possa spingere i discendenti degli esuli a tornare, con le loro famiglie. Perché il futuro, ripetono tutti, sono i bambini.

È vero, anche se è necessario accettare che le categorie di chi è nato negli anni Duemila non siano le stesse degli anziani la cui memoria è inevitabilmente fissa, a volte persino "incatenata", al Novecento. Penso alle due figlie di Armand, un amico di İstanbul originario di una famiglia franco-greca, sposato con una donna armena nata e cresciuta in Turchia. «Le bambine hanno un'identità mista che non è sempre facile gestire!», mi raccontava una volta durante una chiacchierata di fronte a un piatto di invitanti *köfte*, le tradizionali polpette grigliate turche, e all'immancabile boccale di birra (non posso fare a meno di pensare che anche questa, in tempi di rinnovato rigore sui dettami islamici, sia una velata rivendicazione identitaria…). «Le mie figlie sono cittadine turche, ma sono anche abituate alla pluralità perché hanno molte compagne di scuola con famiglie miste, mentre a casa rispettiamo le tradizioni cristiane. Io tengo alla loro educazione religiosa, ma al catechismo vanno malvolentieri perché è in francese e non capiscono bene la lingua…», mi diceva. «Un giorno, a scuola, le bambine avevano partecipato a una lezione sulle tradizioni delle varie nazionalità e, tornate a casa, hanno rivolto a me e a mia moglie Armen una domanda spiazzante: "Mamma, papà, ma noi che cosa siamo?". Dopo un attimo di esitazione, Armen ha risposto: "Siete cittadine del mondo!"…».

Tenere viva la memoria della loro famiglia, costruendo già la Turchia del futuro: è questa la sfida per le figlie di Armand. Un compito che, in realtà, condividono con tanti ragazzi turchi per i quali la diversità – di fede, di storia, ma anche solo di opinione e di riferimenti culturali – rappresenta la normalità, e un valore a cui non sono disposti a rinunciare. Le proteste nate dal movimento per il Gezi Parkı sono lì a dimostrarlo.

Oriente-Occidente, l'unità spezzata.

Cronologia dello scisma

330: Costantino I sposta la capitale dell'impero da Roma a Bisanzio e la consacra con il nome di Costantinopoli, la "Nuova Roma".

325: il Concilio di Nicea stabilisce come "antica consuetudine" l'autorità dei vescovi di Roma, Alessandria e Antiochia su vaste aree dell'impero.

381: con la crescita del ruolo e dell'importanza della "Nuova Roma", il Concilio di Costantinopoli conferisce al vescovo della città autorità sull'Oriente, con la formula: «Il vescovo di Costantinopoli avrà il primato d'onore dopo il vescovo di Roma, perché tale città è la Nuova Roma».

451: il Concilio di Calcedonia (che corrisponde all'odierno quartiere istanbuliota di Kadıköy) riconosce Costantinopoli come sede dell'imperatore e del Senato e la eleva a patriarcato con giurisdizione sull'Asia Minore e sulla Tracia. Inoltre, nel controverso canone 28 organizza la Chiesa come una pentarchia: Roma, Costantinopoli, Alessandria, Antiochia, Gerusalemme. I papi, nella persona di Eugenio IV, riconosceranno Costantinopoli solo nel Concilio di Basilea-Firenze-Ferrara (1431-1439).

587: in un Sinodo riunito a Costantinopoli, Giovanni IV assume il titolo di "patriarca ecumenico"; da questo momento sarà sempre *primus inter pares* rispetto agli altri patriarchi ortodossi. I papi Pelagio II e

Gregorio Magno, però, rifiutano di riconoscere il titolo, per la sua ambizione universale ("ecumenica", appunto). Negli anni successivi l'autorità del patriarca cresce notevolmente, inglobando anche la penisola balcanica.

726: l'imperatore bizantino Leone III Isaurico proibisce il culto delle immagini e ne impone la distruzione (iconoclastia). In Italia papa Gregorio II si oppone alla decisione. Come conseguenza della crisi iconoclastica, si aggrava la frattura tra Occidente e Oriente e, quindi, tra le due Chiese: Roma parla latino, Costantinopoli greco (si veda, a titolo esemplificativo, la *Divina Liturgia* di san Giovanni Crisostomo, vissuto nella seconda metà del IV sec.); l'attenzione della Chiesa occidentale è rivolta ai Germani, quella della Chiesa orientale agli Slavi.

852: Boris I diventa re dei Bulgari. La sua politica, oscillante tra Roma e Costantinopoli, contribuisce ad allargare il divario fra Occidente cattolico e Oriente ortodosso.

863: l'imperatore Michele III e il patriarca Fozio I inviano Cirillo e Metodio a evangelizzare gli Slavi.

867: "scisma di Fozio": dopo una lunga controversia, il patriarca Fozio I accusa di eresia il Papa, Niccolò I, e lo fa deporre da un concilio riunito a Costantinopoli. L'intervento dell'imperatore, Basilio I il Macedone, risolve momentaneamente la crisi, ma la ferita si rivelerà difficile da sanare.

XI secolo: la Chiesa di Roma ingloba l'espressione *filioque* (indicante la duplice processione dello Spirito Santo, dal Padre "e dal Figlio") nella liturgia cattolica. L'elemento divide le due Chiese ancora oggi.

1054: "scisma d'Oriente" (per gli ortodossi "scisma dei Latini"): sull'altare di Santa Sofia viene deposta la bolla di scomunica del patriarca Michele Cerulario da parte dei legati di papa Leone IX, i quali sono a loro volta scomunicati dal patriarca. Nonostante alcuni storici sostengano che gli anatemi non siano validi (il Papa muore due mesi prima della consegna della bolla) e che le scomuniche riguardino le due autorità religiose e non le due Chiese, lo "scisma d'Oriente" resta nella memoria collettiva come data-simbolo della frattura tra mondo cattolico e mondo ortodosso, anche perché le due scomuniche saranno ufficialmente cancellate solo nel 1965 da papa Paolo VI e dal patriarca Atenagora I.

1204: la quarta crociata, con la presa di Costantinopoli da parte dei cavalieri occidentali, sancisce il divorzio definitivo tra Chiesa di Roma e Chiesa d'Oriente.

1453: i turchi ottomani, sotto la guida di Mehmet II, conquistano Costantinopoli.

1454: Ghennadios II Scholarios diventa capo-comunità (*Milletbaşi*) dei *rum*, ricevendo dalle mani dello stesso Mehmet II il firmano che garantisce la continuazione e la protezione della Chiesa ortodossa.

1591: Murad III, per celebrare la vittoria in Georgia e Azerbaigian, trasforma la chiesa della *Theotòkos Pammakaristòs*, fino ad allora sede del patriarcato, in moschea, col nome di *Fethiye Camii* (Moschea della Vittoria). Il patriarca si trasferisce nella chiesetta di San Giorgio, nel quartiere di Fener, che dal 1601 è ufficialmente sede del patriarcato.

XVII secolo: i sultani stabiliscono un capo per ogni gruppo nazionale presente nel territorio dell'impero, solitamente il leader della comunità religiosa, che prende il titolo di etnarca. Gli etnarchi riferiscono direttamente al sultano e sono liberi di stabilire proprie corti e propri giudici. Il patriarca ecumenico è etnarca della comunità cristiana ortodossa ottomana. Con tale sovrapposizione tra l'elemento etnico e quello religioso, la comunità greco-ortodossa si trova a dominare su tutte le comunità cristiane dell'impero.

1821-1832: allo scoppio della guerra d'indipendenza greca il patriarca oscilla tra fedeltà al sultano, in quanto etnarca, e appoggio alla causa nazionale greca. Episodio emblematico della tensione è l'esecuzione (tramite impiccagione al cancello della sua sede) del patriarca Gregorio V.

1833: il governo del neonato Regno di Grecia dichiara la Chiesa ortodossa di Grecia indipendente dal patriarcato ecumenico e la sotto-
mette all'autorità del re.

1844: il patriarcato inizia a formare i quadri dell'ortodossia di tradizione greca nella Scuola di Teologia di Halki, fondata dal patriarca Gher-
manos IV sulle rovine del monastero della Santa Trinità (seconda metà del IX sec.), sull'isola di Heybeliada, la seconda per dimensione
delle Isole dei Principi.

1850: il patriarca ecumenico riconosce l'indipendenza della Chiesa
ortodossa greca e l'arcivescovo di Atene come suo capo.

1919-1922: la guerra greco-turca indebolisce il patriarcato ecumenico.

1923: il trattato di Losanna stabilisce lo scambio di popolazioni tra
Grecia e Turchia, al termine del quale le comunità greche d'Asia Minore scompaiono quasi completamente.

1955: pogrom anti-greco a İstanbul.

1971: le autorità turche, come ritorsione contro la politica anti-turca
della Grecia dei Colonnelli (1967-1974), chiudono il seminario di
Halki. Nonostante ripetuti appelli e richieste ufficiali, la struttura non
è ancora stata riaperta.

Testimoni e martiri.
Padovese, Santoro e gli altri

Una comunità ferita

La chiesa cattolica di İskenderun è semivuota. Padre
Martin, sull'altare, inizia lo stesso la celebrazione: la
scarsa affluenza di fedeli, a quanto pare, non è una sorpresa di stamattina. Un signore distinto tiene d'occhio
con attenzione chi entra e chi esce dal portone. Quando
mi vede scattare alcune foto, mi si avvicina e mi rivolge
qualche domanda: chi sono, se ho appuntamento con
qualcuno... Scoprirò poi che si tratta della guardia del
corpo di padre Martin Kmetec, conventuale sloveno, che
è il superiore della comunità[1]. Le autorità gliel'hanno
imposta d'ufficio, tutto il giorno, per ragioni di sicurezza. La chiesa latina dell'Annunciazione di İskenderun,
l'antica Alessandretta, sulla costa meridionale del Paese,
è infatti quella da cui guidava il suo gregge monsignor
Luigi Padovese, il vicario apostolico dell'Anatolia barba-

---

[1] Questo incontro con padre Martin è avvenuto nell'ottobre del 2011.
Attualmente padre Kmetec svolge la sua missione nella comunità dei conventuali a İstanbul, dove gestisce un'attività di pubblicistica cristiana; è inoltre
direttore delle Pontificie Opere missionarie in Turchia.

ramente assassinato il 3 giugno del 2010 dal suo giovane autista Murat Altun.

Monsignor Padovese aveva 63 anni, ed era alla testa del vicariato dal 2004. Una piccola cappella laterale della chiesa, arredata con cura sebbene in modo essenziale – alcune seggiole di legno intarsiato, un tabernacolo dorato ovale e poco altro –, è stata dedicata a lui: quel cappuccino di origine milanese, biblista, che tanto aveva studiato i primi passi della Chiesa mossi da san Paolo ed era voluto venire a ripercorrerli nella sua terra. Su una parete è appeso un suo ritratto. Davanti all'altare, fiori freschi. In questo momento, tuttavia, anche la cappella è vuota e silenziosa.

Monsignor Padovese, che in Italia era stato tra l'altro consultore per la Congregazione delle cause dei santi e preside della Pontificia Università Antonianum di Roma, si definiva "amico e innamorato della Turchia", sebbene fosse ben conscio del clima di odio anti-cristiano che covava in certi ambienti della società, e dei rischi che correva una Chiesa già toccata, anche molto di recente, dal martirio[2]. Era ancora vivo lo shock per il caso di don Andrea Santoro, assassinato da un ragazzino il 6 febbraio 2006 nella chiesa di Trabzon (Trebisonda), sul Mar Nero, ma anche quello dei tre evangelici della casa editrice cristiana Zirve, sgozzati a Malatya nell'aprile 2007. Per non parlare dell'omicidio del giornalista armeno Hrant Dink che, nonostante fosse stato preso di mira

---

[2] Cfr. l'intervista concessa dal religioso cappuccino alla rivista *Terrasanta* nel 2006 (settembre-ottobre, pp. 14-18).

per le sue idee politiche e non per una presunta opera di proselitismo, attribuita invece ad altri cristiani martirizzati, aveva fornito l'ennesima dimostrazione dell'orrore a cui erano pronte a spingersi le forze oscure operanti nel Paese.

«La nostra comunità è uscita devastata da questa vicenda», confida addolorato padre Martin, mostrandomi le foto sulla bacheca parrocchiale che ritraggono la vita di una comunità giovane e attiva. Immagini che hanno ben poco a che vedere con il quadro che mi si presenta oggi: nel cortile della chiesa dell'Annunciazione, gli sparuti fedeli che hanno partecipato alla celebrazione si fermano per il consueto caffè, ma il clima è mesto.

«Prima era diverso – mi confida a bassa voce un anziano – ma ora la gente ha paura». Anche una giovane, che all'inizio della nostra conversazione ostenta una certa tranquillità e afferma che «per i cristiani non ci sono problemi» – probabilmente a beneficio di alcune "orecchie indiscrete" che si aggirano nel cortile – in capo a pochi minuti cambia tono: «Certo, siamo una comunità molto piccola, siamo in minoranza… L'omicidio del vescovo è stato un colpo molto grande, una vergogna… non mi fido dei turchi». L'impossibilità di avere fiducia, il senso di sospetto costante è il tarlo più maligno che rode dall'interno la comunità cristiana – che in città conta poco più di mille persone su 200 mila abitanti –, ciò che blocca il passaggio dalla percezione di "sopravvivere" a quella di "esistere", in pace, riconosciuti nella propria individualità e inclusi senza riserve nella comune cittadinanza.

Un delitto senza un perché

Sebbene l'assassino del vicario apostolico sia stato poi condannato[3] a 15 anni di reclusione (ma probabilmente, in caso
di buona condotta, potrà uscire dal carcere dopo 6 anni e
mezzo…), le reali cause dell'omicidio non sono mai state
chiarite. Per i giudici della seconda corte penale di Iskenderun il gesto non fu premeditato, né ordinato da qualche gruppo politico o religioso, anche se Murat Altun, allora ventise-
ienne, dopo aver assestato una ventina di coltellate sul corpo
del vescovo, per poi sgozzarlo barbaramente, avrebbe grida-
to: «Ho ucciso il grande Satana, Allah è il più grande».

Tra i motivi delle attenuanti concesse al giovane figura
una possibile «provocazione ingiusta» da lui sopportata:
tra l'altro, per i giudici Altun avrebbe subìto pressioni per
convertirsi al cristianesimo. Fin dal suo arresto, e poi in
tribunale, l'ex autista del vescovo aveva fornito diverse
motivazioni contraddittorie che l'avrebbero spinto all'or-
ribile gesto: una malattia mentale (sempre esclusa dai pe-
riti), presunte molestie subite (mai provate), un'illumina-
zione divina che l'avrebbe esortato a «uccidere il demo-
nio». Alla fine del processo, Altun ha dichiarato di essere
«pentito per aver ucciso monsignor Luigi», che era «l'ultima persona che nella vita mi poteva fare del male. Ma
in quel momento non ero padrone di me stesso»[4]…

Contraddizioni e paradossi che non fanno altro che au-
mentare la frustrazione della comunità cristiana, incapace

---

[3] La sentenza è del 22 gennaio 2013, mentre le motivazioni sono state
rese note nel giugno seguente.
[4] *AsiaNews*, 22 gennaio 2013.

di trovare un senso all'orrore e di provare così a superarlo, vincendo la paura. Ma i fedeli non sono i soli a non darsi pace. Giornalisti, intellettuali, osservatori vari – oltre alla magistratura – in questi anni hanno concentrato molte energie proprio sulla comprensione dell'intricato puzzle che si nasconde dietro ad alcuni episodi di violenza efferata che hanno preso di mira appunto esponenti, spesso molto noti o comunque simbolici, della minoranza cristiana.

Diversi di questi episodi sono stati ricondotti al famigerato caso Ergenekon[5], una struttura segreta sorta in ambiente militare che avrebbe pianificato omicidi eccellenti (nel mirino ci sarebbe stato perfino il patriarca Bartolomeo) con lo scopo di destabilizzare il clima politico fomentando la paura che la Turchia, sotto il governo di Erdoğan, si stesse trasformando in uno Stato islamico. Ma distinguere fra trame oscure di aspiranti golpisti, gesti sconsiderati di gruppi fondamentalisti o delitti compiuti per tutt'altre ragioni o interessi, è quasi impossibile.

Nel caso di monsignor Padovese, se c'è chi accredita l'ipotesi di una, non certo inedita, alleanza tra estremismo religioso e ultranazionalismo, in molti sono comunque convinti che il giovane assassino sia stato manipolato e forse comprato da poteri (e interessi) più grandi di lui. Un copione purtroppo già visto in tanti altri delitti di questi anni: don Santoro fu assassinato da un sedicenne, Hrant Dink da un ragazzo di 17 anni.

---

[5] Nel quadro di questa inchiesta, nell'agosto del 2013 sono state condannate 275 persone, militari e civili (tra questi, politici e giornalisti). L'ex capo della Forze armate, generale İlker Başbuğ, è stato condannato all'ergastolo.

Padre Martin sospira. E cerca di guardare avanti. Per lui, la tragedia che ha colpito la sua comunità rappresenta anche «una spinta per noi sacerdoti a ripensare la nostra presenza qui. Dobbiamo ritrovare il senso dell'annuncio, andare alla sostanza». E spiega: «A İskenderun, per esempio, le strutture della Chiesa sono sproporzionate per la nostra realtà quotidiana. Capita così di perdere troppe energie per cercare di sostenere queste strutture, chiedendo aiuti economici a destra e a manca e arrovellandosi su come amministrare i beni in modo vantaggioso. Lo stesso monsignor Padovese, per far fronte alle necessità, si era affidato a vari collaboratori e forse aveva dato fiducia a qualcuno che non la meritava».

Di certo – non solo secondo il religioso sloveno – questioni troppo materiali avevano diviso la comunità, che ancora ne paga le conseguenze. «Per questo dico che la nostra sfida è tornare verso la povertà, in tutti i sensi, per far scoprire agli altri il vero tesoro che custodiamo, che è il Vangelo». Padre Martin, nonostante tutto, vede degli squarci di speranza: «La Chiesa latina, in particolare attraverso i movimenti ecclesiali come i Focolarini o i Neocatecumenali, sta cercando di inculturarsi, di diventare davvero turca».

Non si può nascondere, tuttavia, che lo stesso annuncio – trasparente, senza forzature, sincero – comporta ancora per i cristiani una dose di rischio. Le *tariqqat*, confraternite religiose, sono spesso feroci contro le conversioni. Lo stesso monsignor Padovese aveva denunciato «le notizie allarmistiche che compaiono su alcuni giornali nazionali» secondo le quali «sembrerebbe che la Turchia sia invasa da legioni di missionari, mentre in realtà si tratta di un manipolo di poche persone, prevalentemente protestanti»[6].

I pregiudizi e l'intolleranza, purtroppo, non sono ancora un capitolo chiuso.

A colpi di sciabola

Adana è una città industriale di oltre un milione di abitanti. Per raggiungere la parrocchia cattolica, bisogna chiedere della *bebekli kilisesi*, "la chiesa col bambino": anche se in realtà l'edifico è dedicato a San Paolo, la statua sulla facciata, raffigurante la Madonna, agli abitanti del quartiere ha sempre ricordato una bimba…

Dopo aver suonato il campanello, il cancello di ferro si apre. Oltrepassato il piccolo cortile, mi affaccio alla porta della casa del parroco. Con una certa sorpresa, trovo padre Francis intento a lavare il pavimento: «Mi dia solo un attimo, ho quasi finito. Sa, da quando è successo l'incidente, la donna delle pulizie si rifiuta di venire…». L'"incidente" a cui fa riferimento padre Francis Dondu, cappuccino indiano che a 43 anni è anche vicario generale di Anatolia, è avvenuto nell'aprile del 2013. «Era la sera del giovedì santo», ricorda. «Uscii per fare visita a una famiglia, lasciando in casa la coppia che si occupava dei lavori domestici. Pochi minuti dopo, fecero irruzione due giovani armati di sciabole che gridavano: "Dov'è il prete? Vogliamo ucciderlo!". Non trovandomi, scarica-

---

[6] *MissiOnLine*, 26 aprile 2007.

rono la loro furia sulle statue della Madonna e dei santi, gridando "*Allahu Akbar*". Ma la polizia e le autorità dissero che si trattava di balordi, ubriachi, che non avevano agito per motivi religiosi, e cercarono di mettere a tacere la cosa».

«Il clima da queste parti è teso», ammette il sacerdote, nel cui ufficio spiccano gli schermi delle telecamere puntate intorno alla chiesa, simili a quelle che avevo visto in parrocchia a Mersin. I cattolici che fanno riferimento alla *bebekli kilisesi* sono solo una ventina, a cui si aggiungono sei famiglie ortodosse. «Esistono poi una cinquantina di armeni, che però non frequentano la chiesa», spiega padre Francis, che è arrivato in Turchia "passando per l'Africa": «Sono stato per cinque anni in missione in Uganda», racconta. «Poi ho studiato Teologia dogmatica all'Università Gregoriana a Roma e in seguito negli Stati Uniti. Da lì, la mia intenzione era tornare in Uganda. Poi arrivò la notizia che avevano ucciso don Santoro». Al sacerdote indiano fu chiesto di partire per la Turchia: «Mi proposero Trabzon, luogo del martirio di don Andrea, oppure il Sud, ad Adana. Scelsi di venire qui, ma diedi la disponibilità solo per un anno: poi avremmo ripensato la mia destinazione».

La Turchia, però, nonostante la durezza dell'impatto con alcune contraddizioni quotidiane, catturò il cuore del cappuccino. «In sei mesi imparai la lingua, cominciai a inserirmi nel contesto, a intessere relazioni di amicizia… Alla fine, vedendo come alcune persone mi amassero davvero, chiesi di restare». In questi anni, le prove sono state tante. La più dura, l'omicidio di monsignor Padovese: «Fui io a dovermi occupare del trasporto del corpo subito dopo l'aggressione. Rimasi totalmente scioccato, chiesi di trascorrere tre mesi a casa, in India, per cercare di riprendermi».

Poi, padre Francis tornò.

«Una delle difficoltà principali, nel mio ministero quotidiano, ha a che fare con l'atteggiamento indisponente delle autorità locali, a vari livelli. Un esempio? Se c'è bisogno di un lavoro di manutenzione della chiesa, non basta l'adempimento di una lunga trafila burocratica: manca sempre qualche permesso, l'*ok* delle Belle Arti… Oppure, semplicemente, l'autorità competente promette che provvederà, e poi qui non si fa vedere nessuno», si sfoga padre Francis. «Da parte mia, ho sempre cercato di mantenere un buon rapporto con tutte le istituzioni, anche se rivendico un atteggiamento corretto nei miei confronti. Per esempio, quando venne ad Adana una delegazione europea per valutare il livello di adeguamento ad alcuni standard, feci di tutto per incontrarla e portare la mia testimonianza, anche se mi furono messi i bastoni tra le ruote». Naturalmente, non c'è interesse a far trapelare all'esterno alcune criticità. «A volte, sembra che vogliano esasperarmi per convincermi ad andarmene». Certo, nessuno vuole nuovi "incidenti": «Mi hanno offerto una guardia del corpo, ma io ho chiesto la condizione che rimanesse fuori dal cancello. Non hanno accettato».

Il religioso, tuttavia, è "tenuto d'occhio" efficacemente dalla rete del vicinato: tutto il quartiere lo conosce, sa cosa fa e con chi è. Mentre colloquiamo nel soggiorno della casa parrocchiale, di fronte alle due gustose *pide*

appena ordinate a domicilio, veniamo interrotti dalla te-
lefonata di un vicino, che chiama «per sapere come va».
Pochi minuti dopo, lo stesso vicino suona alla porta e si
accomoda sul divano al nostro fianco. Fa qualche domanda, beve un bicchiere di cola e, dopo un quarto d'ora, se
ne va. Questo controllo informale, che pure mi appare
molesto nella sua invadenza, può essere anche interpreta-
to come una forma di garanzia per la sicurezza.

Ma da dove deriva l'ostilità sociale che fa temere possibili esplosioni di violenza? «In città operano alcuni gruppi
di protestanti che fanno proselitismo aperto: un atteggiamento che non è ben visto e crea problemi anche a noi
cattolici, fomentando i pregiudizi nei confronti dei missionari». Pregiudizi che sono instillati nei ragazzi fin da
piccoli: «A scuola si insegna che i cristiani sono politeisti,
la nostra religione è spiegata in modo fuorviante. Quando
mi capita di confrontarmi con degli studenti, li trovo molto prevenuti, convinti di concetti senza fondamento. Per
cambiare davvero le cose in questo Paese bisognerebbe
partire proprio dalla scuola».

Isabella, una parrocchiana di padre Dondu, frequenta le
superiori. «In classe non ho mai vissuto episodi spiacevoli di discriminazione», mi dice. «Certo, noi cristiani siamo
abituati a essere considerati una piccola minoranza e a
vivere come tale», aggiunge. «Quando sono stata in Europa per la Giornata mondiale della gioventù, per la prima volta ho realizzato che noi qui non abbiamo la stessa
libertà che avete voi…». Isabella sorride, i lunghi capelli
castani che le incorniciano un volto ancora pulito. La
mamma ci offre un dolcetto di melanzane sciroppate e

abbassa il volume del televisore, che il papà aveva sinto-
nizzato su un canale religioso cristiano. «Tutto il giorno
ad ascoltare questi predicatori!», lo rimprovera bonaria-
mente. Sono persone come la famiglia di Isabella, affiata-
ta e accogliente, a tenere legato a questa terra – nonostante tutto – il cuore di padre Francis.

Le porte aperte di don Andrea

Anche don Andrea Santoro viveva come un tesoro pre-
zioso le relazioni umane. Sacerdote della diocesi di Roma, da sempre affascinato dal Medio Oriente come terra dove ritrovare autenticamente le radici cristiane, nel
2000 era partito come missionario *fidei donum* per la
Turchia: prima ad Urfa/Harran, la località biblica della
chiamata di Abramo, poi, dal 2003, a Trabzon, sul Mar
Nero. Luogo speciale, l'antica città di Trebisonda, con-
traddittorio: roccaforte degli ultranazionalisti, ma anche particolarmente plurale, visto che circa il 30% della
sua popolazione proviene dalle repubbliche dell'ex
Unione Sovietica – Georgia e Ucraina in testa, ma anche
Russia –, da Romania, Bulgaria e dai Paesi a est della
Turchia, tra cui l'Armenia. Porto in cui vivono fianco a
fianco mondi, culture, abitudini e religioni diverse, ma
dove gli stranieri si scontrano spesso con una mentalità
chiusa, dura.
I cattolici, a Trabzon, sono solo una decina, ma la chiesa
di Santa Maria, di cui don Andrea aveva spalancato le
porte a tutti, era frequentata da fedeli ortodossi e anche
da musulmani, che venivano per parlare con il sacerdote,

confrontarsi sulla fede, a volte per lanciare pesanti provocazioni. Nelle sue lettere, intrise di un'incredibile umanità e di una fede limpida, forgiata ogni giorno anche a
prezzo di intima sofferenza, don Santoro raccontava a
volte di quei ragazzini insolenti che tiravano sassi alla
chiesa, o lanciavano invettive contro il prete e i cristiani.
Proprio uno di quei ragazzini, forse, fu poi quello che, il
5 febbraio del 2006, freddò a colpi di pistola don Andrea,
mentre si trovava a pregare in chiesa. Un sedicenne, "O.
A."[7], la cui mano fu armata quasi certamente da qualcun
altro, che nell'approccio trasparente e onesto del sacerdote italiano, morto a 61 anni, aveva intravisto una minaccia: un gruppo di islamisti infuocati di risentimento
per le vignette su Maometto comparse in quei giorni su
un giornale danese – come si disse all'inizio –, o un'oscu-
ra rete di ultranazionalisti, o ancora qualche trafficante di
persone legato al lucroso giro di sfruttamento delle pro-
stitute dell'Est (spesso cristiane dell'Armenia), a cui gli
interventi di don Santoro in favore di queste donne avevano dato fastidio.
Le lettere scritte dal *fidei donum* nei suoi anni in Turchia,
raccolte e pubblicate dopo la sua morte dall'associazione
"Finestra per il Medio Oriente", da lui fondata, continuano a regalarci oggi non solo perle di fede e di una teologia
che prendeva corpo nella terra a cui don Andrea era con-
sapevolmente pronto a donare tutto, ma anche un patrimonio di aneddoti quotidiani legati a incontri, dialoghi,
confronti con tanti figli di quella terra. Aneddoti a volte

---

[7] Nell'ottobre del 2006 il ragazzo fu condannato a 18 anni di carcere.

simili a quelli che mi è capitato di ascoltare da altri sacerdoti sparsi ai quattro angoli del Paese, raccontati però in confidenza, con la richiesta di discrezione per evitare strumentalizzazioni che avrebbero potuto nuocere ai loro protagonisti, in un contesto di biasimo, quasi ossessivo, verso un presunto proselitismo.

Gli episodi raccontati da don Santoro, che oggi tutti possono conoscere, danno lo spaccato di un'umanità tutt'altro che uniforme, spesso attratta dal cristianesimo, incuriosita da una fede avvolta in genere da luoghi comuni senza fondamento, motivata a confrontarsi – anche in modo provocatorio e persino aggressivo – con scelte e uno stile di vita giudicato tanto incomprensibile quanto, in qualche modo, affascinante.

«Qualcuno ci ha chiesto se abbiamo qualcosa di simile alla loro "festa del sacrificio"», scriveva il sacerdote in una lettera del gennaio 2004[8], raccontando delle conversazioni nate in occasione dei lavori di restauro della chiesa. «Abbiamo risposto che per noi l'agnello che offriamo a Dio e il cui sangue ci santifica, ci purifica e ci libera è Gesù. È un modo per aiutarli a conoscere la nostra fede nelle sue realtà più profonde anche se più difficili. Il marmista e il posatore di mattoni mi hanno intrattenuto a lungo con domande sul celibato, il matrimonio, la castità. Poi il discorso si è spostato sulla religione. "Come è possibile che crediamo in maniere diverse?", dicevano. "È

---

[8] Questa citazione, come le successive, è tratta dal volume *Lettere dalla Turchia* (Città Nuova, Roma 2006), che raccoglie appunto gli scritti di don Andrea Santoro negli anni trascorsi in Turchia come *fidei donum*.

come una montagna", ho risposto io, "la cima è una ma ci si arriva per vie diverse"».

In un altro testo, datato 15 settembre dello stesso anno, don Andrea raccontava il cammino di alcuni catecumeni. «Sheyr, tutto preso dalla scoperta di Gesù e della Sacra Scrittura, si chiede: "Ma quand'è che potrò 'ottenere' lo Spirito Santo?". Farat si addentra nella scoperta del vangelo di Giovanni con domande minuziose e penetranti. Emin prosegue il suo cammino di serenità a contatto con *Rab Isa* (il "Signore Gesù"), come ama dire, nonostante la precarietà del lavoro e l'anonimato che è costretto a mantenere all'interno della famiglia e del villaggio. In chiesa proseguono le visite e i brevi dialoghi che ne nascono».

E ancora, nella lettera datata Natale 2004 si legge: «Un altro giorno sono venute due ragazze sui 16-17 anni con una serie di domande fatte con garbo e rispetto. Volevano sapere le differenze tra islam e cristianesimo. "Il Paradiso è vostro?", mi chiedono. "Il Paradiso è di Dio", gli dico. "Lui solo giudica. Un giorno ci accoglierà e non ci domanderà: sei cristiano, sei musulmano? Ci guarderà nel cuore e ci domanderà: hai amato?". Qualche giorno dopo una delle due torna all'ora della preghiera».

Le porte (e il cuore) aperti di don Andrea, la sua gioia nell'incontrare l'altro nell'autenticità non devono tuttavia essere confusi con un buonismo pronto ad annacquare le differenze o a fare sconti, a sé stesso o agli altri. Tante volte aveva ribadito la necessità che cristianesimo e islam si parlassero apertamente, senza alibi e ipocrisie, sulla propria visione del mondo, sui rispettivi valori, sulla storia e sul futuro.

Nella sua ultima lettera, datata 22 gennaio 2006, don Santoro toccava infine esplicitamente la questione del dialogo interreligioso e della convivenza di fedi diverse, senza rinunciare ad affrontare alcuni nodi scottanti ancora da sciogliere: «Si dice e si scrive spesso che nel Corano i cristiani sono ritenuti i migliori amici dei musulmani, di essi si elogia la mitezza, la misericordia, l'umiltà, anche per essi è possibile il paradiso. È vero. Ma è altrettanto vero il contrario: si invita a non prenderli assolutamente per amici, si dice che la loro fede è piena di ignoranza e di falsità, che occorre combatterli e imporre loro un tributo… Cristiani ed ebrei sono ritenuti credenti e cittadini di seconda categoria. Perché dico questo? Perché credo che mentre sia giusto e doveroso che ci si rallegri dei buoni pensieri, delle buone intenzioni, dei buoni comportamenti e dei passi in avanti, ci si deve altrettanto convincere che nel cuore dell'islam e nel cuore degli stati e delle nazioni dove abitano prevalentemente musulmani debba essere realizzato un *pieno* rispetto, una *piena* stima, una *piena* parità di cittadinanza e di coscienza».

E continuava: «Dialogo e convivenza non è quando si è d'accordo con le idee e le scelte altrui (questo non è chiesto a nessun musulmano, a nessun cristiano, a nessun uomo) ma quando gli si lascia posto accanto alle proprie e quando ci si scambia come dono il proprio patrimonio spirituale, quando a ognuno è dato di poterlo esprimere, testimoniare e immettere nella vita pubblica oltre che privata. Il cammino da fare è lungo e non facile. Due errori credo siano da evitare: pensare che non sia possibile la convivenza tra uomini di religione diversa oppure credere che sia possibile solo sottovalutando o accantonando i reali problemi, lasciando da parte i punti su cui lo stridore è maggiore, riguardino essi la vita pubblica o privata, le libertà individuali o quelle comunitarie, la coscienza singola o l'assetto giuridico degli stati».

Insomma, il testimone autentico non può rinunciare a "mettere il dito nella piaga". A costo di pagare un alto prezzo.

Dialogo sul Bosforo.
Quando le fedi si incontrano

Il saio e i dervisci

Una preghiera francescana con incluso il *sema*, la danza rituale dei dervisci rotanti. Per i frati minori di Santa Maria in Draperis, a İstanbul, non c'è nulla di strano. La fraternità internazionale, un piccolo gruppo di religiosi che provengono letteralmente dai quattro angoli del globo (in un solo convento sono rappresentate l'Africa e l'Asia, l'Europa e l'America latina), è nata nel 2003 proprio con questo obiettivo: «Stare in mezzo alla gente e instaurare un dialogo, in tutte le forme. A cominciare dalla preghiera». A sintetizzare la vita quotidiana dei frati è il messicano padre Ruben Tierrablanca, gioviale quanto autorevole superiore della comunità.

Vive qui da quando è iniziata l'esperienza di questa «fraternità contemplativa in missione». E – racconta – da subito il popolo turco gli è entrato nel cuore: «Sono persone davvero accoglienti», afferma con un grande sorriso. «Mi dicono che alcuni decenni fa il clima era molto più duro, c'erano le sbarre alle finestre. Ma per la mia esperienza devo dire che oggi io qui sto benissimo».

Ciò che padre Ruben vive quotidianamente con tanta passione «in verità non è nulla di straordinario», assicura. Eppure, per molti versi lo è, eccome. «Abbiamo cominciato a trovare degli spazi di incontro sia con i rappresentanti delle altre confessioni cristiane, sia con esponenti musulmani appartenenti a realtà diverse», spiega il sacerdote. Tra gli interlocutori, la Piattaforma per il Dialogo interculturale che fa riferimento al gruppo legato al teologo islamico Fethullah Gülen.

«Annualmente, insieme a tutta la famiglia francescana, organizziamo presso il convento dei cappuccini di Yeşilköy un simposio cristiano-islamico che mette a tema alcune esperienze comuni alle fedi». In questi anni, si è parlato ad esempio del senso del pellegrinaggio per le diverse religioni, del rapporto tra fede e ragione, dell'importanza dell'accoglienza verso lo straniero – una questione di stretta attualità a İstanbul –, o ancora del valore della misericordia nei rispettivi testi sacri.

C'è poi un'amicizia ormai consolidata con i dervisci Mevlevi[1], la cui confraternita ha sede a pochi passi dalla chiesa di Santa Maria. «Io e *sheikh* Dede Nails Kesova siamo diventati dei fratelli spirituali», afferma il francese padre Gwenolé Jeusset, già primo presidente della Commissione internazionale francescana per le relazioni con i musulmani e oggi membro della fraternità di İstanbul. Ogni anno, il 27 ottobre, nella chiesa di San Luigi dei Francesi si svol-

---

[1] Si tratta dei seguaci di Jalal ad-Din (in turco Celaleddin) Rumi (1207-1273), chiamato Mevlana ("nostro signore").

ge una veglia "nello Spirito di Assisi"[2], in cui frati e dervisci rotanti pregano insieme. Durante la veglia, accompagnati dal ritmo quasi ipnotico dei musici *mëtrëp*, i dervisci Mevlevi girano intorno al "polo" del maestro (lo *sheikh*), in una delle quattro parti della danza estatica *sema*.

«Questa preghiera rappresenta la conclusione delle due settimane di formazione che ogni anno proponiamo a religiosi e religiose che dall'estero vengono a imparare la teoria e soprattutto la pratica del dialogo», spiega ancora fra Gwenolé. «I partecipanti hanno l'occasione di ascoltare rappresentanti di diverse confessioni e religioni, dall'islam all'ebraismo al buddhismo, e di visitare i loro luoghi di preghiera».

I frati, a loro volta, sono spesso invitati dai dervisci per la preghiera, in particolare la sera del 17 dicembre, quando viene ricordata la nascita al cielo di Mevlana Rumi.

I membri della fraternità partecipano anche ad alcune attività con i fratelli ortodossi e protestanti presenti in città, come la tradizionale settimana di preghiera per l'unità dei cristiani, a gennaio, nelle chiese delle diverse confessioni, ma anche a iniziative comuni di solidarietà e momenti più informali di amicizia, come il pranzo "ecumenico" nel convento di Santa Maria il giorno del Transito di san Francesco, il 3 ottobre.

Le occasioni formali di scambio e di riflessione sul dialogo interreligioso non mancano. Per padre Tierrablanca,

---

[2] Il riferimento è alla Giornata di preghiera per la pace convocata da Giovanni Paolo II ad Assisi il 27 ottobre 1986, a cui presero parte i rappresentanti di tutte le grandi religioni mondiali.

tuttavia, l'incontro più profondo e arricchente è quello che avviene nel silenzio dell'orazione. «Con i dervisci, ad esempio, abbiamo iniziato ad avvicinarci attraverso alcune esperienze istituzionali, poi pian piano i nostri rapporti sono diventati sempre più naturali e spontanei. Con la stessa naturalezza ci capita di andare a pregare in moschea. Qualcuno di noi ci va settimanalmente», racconta il frate. E aggiunge: «Personalmente, qui in città amo molto la moschea Yeni Cami, nella zona del porto di Eminönü: la trovo così simile alla nostra chiesa di Santa Maria!». In che senso? «Come qui abbiamo un'oasi di pace e spiritualità a due passi da una via caotica e rumorosa, così laggiù, tra i venditori ambulanti e la folla che rende difficile persino camminare, sorge questo luogo in cui basta mettere piede per ritrovarsi immersi in un'atmosfera di raccoglimento, silenzio e preghiera».

E parlare con Dio: ognuno con le proprie parole, ma insieme.

Incontrarsi tra i libri

Ci sono tanti modi per incontrarsi a metà strada. I domenicani di Galata hanno scelto la cultura. Nell'antico quartiere dei genovesi, celebre per la torre che rende inconfondibile il panorama della collina, i domenicani sono presenti praticamente senza interruzione dal XIII secolo, nei delicati anni di poco successivi la quarta crociata. «Abbiamo attraversato le diverse epoche della convivenza con la Chiesa orientale e con l'islam, assistendo a un'evoluzione che però non ha ancora cancellato ferite antiche e pregiudizi», esordisce padre Claudio Monge, superiore della comunità – cinque confratelli –, che vive a İstanbul da dieci anni.

«La nostra sfida è aprire una nuova frontiera nel dialogo tra credenti, partendo da una prospettiva culturale e più "laica"», aggiunge il religioso, classe 1968, che è anche professore invitato in Teologia delle religioni all'Università di Friburgo, in Svizzera, e alla Facoltà Teologica di Bologna. Strumento chiave di questo incontro: i libri. «I contatti dei domenicani con l'Università di Marmara continuano ormai da vent'anni: teniamo seminari e facciamo tutoraggio degli studenti di storia, filosofia, teologia, ma anche architettura e arte». Questi giovani, e molti altri, hanno poi un punto di riferimento proprio nel convento di Galata, a fianco della chiesa dei Santi Pietro e Paolo, dove è sorta la biblioteca del Dosti, il Centro domenicano per il dialogo di İstanbul, di cui padre Monge è il responsabile.

«Si tratta di un centro di documentazione cristiano ampio e specializzato, che permette agli studenti turchi un approfondimento su certi temi, una comparazione con fonti per loro inedite e anche una riappropriazione di una parte della loro storia che spesso non conoscono bene». C'è chi è venuto per preparare una tesi sulla presenza degli ordini religiosi in Turchia, chi voleva comprendere le similitudini tra mistici sufi e cenobiti cristiani e chi, partendo da ricerche di arte sui luoghi di culto, ha finito per trattare temi prettamente teologici.

Molti di questi studenti, incrociati dai domenicani all'università oppure tra le mura della loro biblioteca, sono diventati partecipanti fissi al Simposio islamo-cristiano organizzato annualmente dai francescani.

Iniziative di dialogo culturale si sono consolidate anche in altri contesti, in varie zone del Paese: basti pensare allo scambio di professori tra la facoltà di Teologia dell'Università di Ankara e la Gregoriana di Roma, o all'esperienza portata avanti, sempre nella capitale turca, prima dagli assunzionisti e ora dai gesuiti, che hanno creato rapporti cordiali proprio con la facoltà di Teologia islamica. Anche a Konya, nell'Anatolia centrale, don Vigilio Covi, sacerdote della diocesi di Trento[3], in occasione delle visite alla comunità nella chiesa di San Paolo è solito incontrare gli studenti di Teologia musulmana, interessati ad approfondire il tema della preghiera e della vita consacrata tra i cattolici.

Per padre Monge ciò che conta di più è che, come capita al Centro di documentazione interreligioso di Galata, attraverso la cultura si apre la via a un dialogo di vita che parte dalla conoscenza personale: «Solo così si combattono gli stereotipi, visto che fino ad oggi è prevalsa una visione ideologica dei cristiani», spiega. E ora le cose vanno meglio? «Senz'altro il clima è cambiato, anche perché la maggiore mobilità allarga gli orizzonti. Noi stessi, insieme ai gesuiti, individuiamo ogni anno un paio di studenti da mandare alla Gregoriana di Roma per studiare Storia delle religioni, così che abbiano accesso diretto alla cultura dell'altro e possano riportare questa coscienza nella propria università. È anche un modo per formare i nostri interlocutori di domani».

---

[3] La diocesi di Trento ha costituito in Asia Minore due comunità di preghiera, quasi una "restituzione" a ringraziamento dei monaci inviati da Giovanni Crisostomo ad Ambrogio e poi in Trentino, per l'evangelizzazione di quelle popolazioni.

La voce dell'altra parte

In proposito, mi sorge a questo punto l'interesse di capire meglio chi siano e che cosa pensino le controparti di tante iniziative di dialogo. È proprio per sentire una "voce dell'altra parte" che torno a prendere il traghetto che attraversa il Bosforo per raggiungere il quartiere di Altunizade, sulla sponda asiatica della città, dove sorge il moderno edificio della Piattaforma di Dialogo interculturale, nota come Kadip. Si tratta di una diramazione della Fondazione dei giornalisti e degli scrittori (Gyv), che fa riferimento alla vasta galassia del movimento Hizmet ("servizio"), fondato dall'influente *imam* Fethullah Gülen[4]. L'*Hocaefendi*, il "Maestro", come lo chiamano i suoi numerosissimi seguaci (almeno un milione), pur vi-

---

[4] Nato nel 1941 a Erzurum, nel Sud-est della Turchia, figlio di un *imam*, Fethullah Gülen compie studi islamici ispirandosi in particolare al pensiero del mistico e riformista Said Nursi e dei mistici turchi del XIII secolo Rumi e Yunus Emre. Già negli anni '70, a Smirne, organizza campi estivi dove si insegnano i principi della religione, dando vita alle prime reti di case per studenti, le "case della luce". *Imam* e predicatore in diverse moschee turche, vede nascere intorno a lui un movimento oggi diffuso sia in patria (almeno un milione gli adepti, tra i simpatizzanti politici di spicco come Abdullah Gül e Bülent Arınç) sia nel resto del mondo, molto attivo nella società civile e in particolare nel mondo dell'educazione, della carità ma anche delle imprese. Tra i capisaldi del pensiero di Gülen – autore di più di 60 libri sulla fede musulmana e sul dialogo interreligioso – la formazione di un «islam moderno turco». Inviso ai secolaristi, nel 1998 il Consiglio di sicurezza nazionale lo condanna per «il tentativo di minare il sistema laico del Paese» e da allora vive in esilio volontario negli Stati Uniti. Nonostante si tratti di una personalità controversa (soprattutto per l'enorme potere del suo movimento), molti intellettuali, diplomatici ed esponenti religiosi in tutto il mondo promuovono le idee di Gülen per il suo impegno per la pace e il dialogo interreligioso. Nel '98 Giovanni Paolo II lo ricevette in Vaticano. Nel 2008 i lettori di *Foreign Policy* e *Prospect* lo elessero "l'intellettuale più influente del mondo".

vendo dal 1999 in Pennsylvania è considerato da molti la coscienza della società turca. Ispirandosi in particolare al pensiero del mistico e riformista Said Nursi, Gülen propugna un islam moderato, moderno, dialogante: dopo gli attentati dell'11 settembre 2001 fu il primo teologo islamico a condannare il terrorismo. Il suo movimento rappresenta un vero impero economico, mediatico e finanziario[5], oltre a godere di entrature eccezionali nella magistratura e nella polizia turca, e ad esercitare un'influenza decisiva sull'opinione pubblica.

L'incontro con l'*Hocaefendi* ha avuto un'importanza fatale nella vita del professor Ahmet Muharrem Atlığ, il segretario generale della Piattaforma di Dialogo interculturale, che mi accoglie nel suo ufficio con grande cordialità. Alle sue spalle, appesa al muro, spicca una piccola cornice che contiene una decorazione calligrafica. «Riproduce il nome di Gesù in arabo», mi spiega indicando le lettere sinuose. Il professor Atlığ è un conversatore piacevole e lascia trasparire uno sguardo aperto e cosmopolita, eredità di vari anni trascorsi tra gli Stati Uniti e Londra. È un attivo promotore del confronto tra fedi e culture, convinto che

---

[5] Alla rete di Hizmet fanno riferimento oltre 300 scuole in Turchia e quasi mille all'estero (dalla Tanzania agli Usa, dalle Filippine alle Repubbliche ex sovietiche, mentre in Italia i punti di riferimento gülenisti sono l'associazione interculturale "Alba" e l'"Istituto Tevere"), mass media tra cui il quotidiano *Zaman* e la tv *Mehtap*, la prestigiosa università Fatih di İstanbul, la confederazione degli industriali Tuskon, enti di beneficenza. Altrettanto rilevante il braccio finanziario del movimento: l'istituto di credito Bank Asya, il ramo assicurativo Işık Sigorta, il fondo d'investimenti Asya Finans: un vero e proprio impero finanziario stimato in 25 miliardi di dollari (cfr., tra l'altro, Fabbri D., "La sfida al potere di Erdoğan arriva dalla Pennsylvania", in *Limes*, luglio 2013).

«la natura del vero islam implichi l'amore per tutte le creature, nel nome del Creatore». Ma – assicura – non è stato sempre così.

«In realtà io vengo da una famiglia musulmana molto radicale: ricordo che mio padre ci faceva ascoltare tutti i giorni la radio islamica iraniana!», racconta il teologo, padre di tre ragazzi. «Cresciuto con forti insegnamenti religiosi, dopo le superiori mi iscrissi alla facoltà di Teologia, ma il mio approccio restava radicale: per esempio, ero tra gli studenti che protestarono perché il gesuita Thomas Michel frequentava il nostro stesso corso di Storia della religione. Gli dicevamo: "Questo è un Paese islamico! Che cosa ci fai tu qui?"». Qualche anno fa, in uno dei simposi interreligiosi che oggi promuove, Muharrem si è scusato personalmente con padre Michel. Ma che cosa ha cambiato il suo modo di vedere le cose? «Appena diventato *imam*, nel 1994, conobbi Fethullah Gülen, oggi presidente onorario della Piattaforma: era una personalità molto rispettata e io, da giovane guida religiosa, gli parlai dei miei progetti. Lui mi ascoltò e mi disse: "Fratello, tu hai delle idee molto pericolose!". E aggiunse: "Mi sembra che tu viva solo tra i musulmani. Hai mai visitato una chiesa o una sinagoga?". Io rimasi sorpreso: "No, perché avrei dovuto?", risposi. E Gülen: "Perché i fedeli di altre religioni sono nostri fratelli, sono persone umane create e amate da Dio: in Turchia abbiamo convissuto per secoli e questa convivenza è insita nella concezione turca dell'islam". Così, mi offrì una borsa di studio per andare all'estero. Mi disse: "Vai e sperimenta la cultura degli altri, perché c'è solo un modo per comprenderci a vicenda ed è vivere fianco a fianco"». Atlığ si ritrovò così negli Stati Uniti a frequentare un master in Studi religiosi in un seminario cattolico a Houston, in Texas. «Seguii un corso di due anni sulla spiritualità cattolica: in classe ero l'unico *imam* tra una trentina di sacerdoti!», ricorda con un sorriso divertito. «Poi mi trasferii a Londra, dove rimasi cinque anni per il dottorato, sempre in un seminario cattolico, mentre ero *imam* della moschea turca. Quegli anni mi trasformarono, mi insegnarono la necessità di provare a capire gli altri. E ora posso utilizzare la mia esperienza personale per costruire ponti tra differenti tradizioni». Ponti che – sottolinea – sono necessari all'interno della stessa società turca: «Il nostro Paese è caratterizzato da una forte diversità: religiosa, visto che oltre ai musulmani, sunniti e aleviti, qui vivono cristiani di varie denominazioni, ebrei, ma anche non credenti, ed etnica, eredità dell'Impero ottomano. Questa varietà, purtroppo, spesso è ancora sinonimo di conflitti: pensiamo alle tensioni tra turchi e curdi, ma anche tra musulmani sunniti e aleviti, ai pregiudizi contro gli armeni, alla diffidenza verso gli ebrei a causa della questione israelo-palestinese. Come organizzazione, noi operiamo per guarire queste ferite e creare dialogo, secondo il principio che "siamo prima umani, poi musulmani". Ci ispiriamo alla convivenza esistita in passato, ma anche alle radici comuni delle tre religioni abramitiche».

Secondo questo spirito, la Piattaforma, nata quindici anni fa, promuove iniziative unitarie con le varie comunità religiose, come incontri e conferenze (tra questi il Simposio di dialogo realizzato insieme ai frati francescani), eventi sulle orme del profeta Abramo nel Sud-est turco, esperienze di convivenza interreligiosa rivolte ai giovani. «Attraverso la piattaforma Abant, che fa sempre riferimento alla Fondazione, affrontiamo poi con un taglio più politico alcune questioni calde legate ai diritti delle minoranze: grazie al coinvolgimento di personalità prestigiose riusciamo ad avere grossa visibilità mediatica e a dettare così, in un certo senso, anche l'agenda del governo», aggiunge Muharrem. Gli chiedo se, a suo parere, questa linea interpreti il sentimento della società turca: dopotutto, i fondamentalismi di natura sia religiosa che nazionalista sembrano avere ancora spazio... «I sondaggi dicono che il 70-75% della popolazione approva il nostro impegno per promuovere l'unità», sostiene il teologo. «E il fatto che il nostro Consiglio degli amministratori fiduciari includa i rappresentanti di tutte le comunità di minoranza, oltre al *mufti* della Turchia, garantisce la serietà del nostro impegno. Certo, non posso negare che nel Paese esistano ancora frange radicali e che la società probabilmente non sia pronta a compiere alcuni passi, ma rispetto a pochi anni fa il clima è nettamente migliorato».

Sul cruciale tema della maturazione di un'identità plurale, il professor Atlığ sceglie di nuovo un esempio personale: «Io sono turco – esordisce –, ma non posso certo escludere di avere radici anche cristiane, visto che i miei antenati venivano da un contesto misto come İzmir, e probabilmente un mio zio proviene dalla comunità armena. Per sei secoli, in questo Paese abbiamo convissuto e ci siamo mischiati: nessuno in Turchia, nemmeno il presidente o il primo ministro, può dire di essere un "puro turco", e questo perché, semplicemente, non esistono "puri turchi"! Purtroppo, la nostra prima Costituzione repubblicana fu stilata dai militari e finì per rispecchiare il pregiudizio che operava un'equazione tra stranieri e non musulmani. In tutti questi decenni, poi, ha resistito quello che viene chiamato lo "Stato profondo": un potere occulto che non ha mai smesso di strumentalizzare il popolo e fomentare l'intolleranza». Secondo il segretario del Kadip, è invece ora di operare un vero cambiamento in seno allo Stato. L'obiettivo, per lui, non è quel "neo-ottomanesimo" da molti evocato, con la Turchia in una posizione preminente nel contesto mediorientale – «immaginare di tornare indietro nel tempo non ha senso», afferma –, bensì una decisa evoluzione nel segno della democrazia e della laicità.

Una nuova idea di laicità

Pur essendo un uomo di fede e un teologo, Muharrem tiene infatti a ricordare che la Turchia è un Paese laico. Tuttavia – spiega – il senso che è stato attribuito a questa parola ha dato adito a contraddizioni irrisolte. «Esistono due concetti di laicità: quello francese, che è stato applicato in Turchia, punta alla libertà *dalla* religione, mentre quello americano consiste nella libertà *per le* religioni. Noi vogliamo promuovere questo secondo modello, in cui il governo deve garantire che tutti siano liberi di vivere secondo la propria fede. Il vero islam è su questa linea: il profeta Maometto a Medina promosse la tolleranza verso cristiani ed ebrei, e una volta invitò i cristiani a svolgere la loro celebrazione all'interno della moschea. Ciò significa che, secondo Maometto, noi dovremmo dare la possibilità ai cristiani di celebrare le funzioni nella moschea di Sultanahmet: ma lei pensa che il governo turco darebbe mai questo permesso? O che lo farebbe qualche altro Paese a maggioranza musulmana? Purtroppo no. Il che ci fa capire che l'islam di oggi e quello vero sono molto differenti. Ecco: noi come Kadip cerchiamo di far capire che la laicità intesa come libertà per le religioni è insita nel vero islam, che non c'è contraddizione tra le due cose». Un cambio di mentalità piuttosto radicale. Che tuttavia, secondo il teologo, in Turchia sarebbe immaginabile: «I turchi sono in maggioranza praticanti, ma la nostra concezione dell'islam è completamente diversa da quella diffusa in Medio Oriente. Noi abbiamo una forte tradizione sufi, basata su una combinazione di cuore e mente[6]: la mente è rappresentata dalla *shari'a*, la legge islamica, mentre il cuore si esprime nella spiritualità, nella flessibilità, nell'apertura agli altri uomini. Questo modello di islam sostiene: "Tu sei umano, sei mio fratello, sei stato creato dallo stesso Dio e per questo ti devo amare". Una concezione che, sfortunatamente, è del tutto assente in correnti come il wahhabismo o il salafismo, che separano i musulmani dagli altri credenti e dividono gli uomini».

Se, vent'anni fa, per poter fare esperienza della diversità il giovane Muharrem dovette andare all'estero, nella

---

[6] È la suddivisione tra *shari'a*, la legge, e *tarīqa*, la via spirituale.

Turchia di oggi questo non sarebbe più strettamente necessario: «Di questi tempi anche qui in patria esistono
molte opportunità di confrontarsi», spiega. «Durante il
Simposio di dialogo cristiano-islamico a Yeşilköy, ad
esempio, al venerdì i cristiani partecipano alla nostra
preghiera in moschea, mentre il giorno seguente noi as-
sistiamo alla celebrazione in chiesa e cantiamo insieme
inni sacri. Come Piattaforma, noi incoraggiamo i musulmani a prendere parte alle funzioni religiose cristiane. La
conversione non c'entra nulla: abbiamo fatto varie volte
questa esperienza e nessuno si è convertito, invece abbiamo percepito le nostre somiglianze, ci siamo resi conto che abbiamo molte cose in comune». Una sensibilità
che è cruciale trasmettere alle nuove generazioni di turchi. «Insieme alla Blood Foundation promuoviamo un
progetto che permette ai giovani di fare un'esperienza,
generalmente di un mese, vivendo immersi in un'altra
religione. Nel percorso "Monaco per un mese", ad esempio, i ragazzi trascorrono trenta giorni in un monastero
in Thailandia, e stiamo realizzando programmi paralleli
in vari contesti, da quello cristiano, in Scozia, a quello
sikh, in India. Capire l'altro richiede tempo e la disponibilità a staccarsi per un periodo dal proprio *background*
per provare a vedere le cose con i suoi occhi». Un'esperienza che il professor Atlığ ha vissuto sulla sua pelle nel
periodo trascorso in America e in Gran Bretagna e che,
afferma, «mi ha cambiato».
Per spiegarsi, il teologo sceglie un ultimo aneddoto: «Nei
tre anni in cui abbiamo vissuto a Leeds, in Inghilterra, io
e la mia famiglia avevamo una vicina di casa atea. Si im-

magini: io ero *imam*, mia moglie portava il velo, ma con questa vicina si era creato un rapporto di fiducia reciproca e capitava che, nel fine settimana, lei ci chiedesse di prenderci cura dei suoi tre bambini per la serata. Avevamo stili di vita diversissimi, ma lei si fidava di noi, i suoi vicini musulmani. Questa, per me, è una vittoria. Questo è il vero islam».

Quando saluto il professor Atlığ e mi dirigo in taxi verso il molo di Üsküdar, per attraversare di nuovo il Bosforo, i pensieri che si rincorrono nella mia mente sono tanti. Difficile fare un bilancio, arduo dire se la concezione del teologo gülenista, senz'altro condivisa da una parte della popolazione turca, possa a breve termine diventare rappresentativa del vero sentire comune di tutta la Turchia: anche di quella "profonda" e rurale, spesso ostaggio di una visione più arcaica e intollerante; anche di quella oltranzista che ancora si crogiola in un nazionalismo insofferente delle diversità.

Certo è che, per incidere sulla mentalità collettiva e modificarla in profondità, non è sufficiente il dialogo ufficiale. A fianco dei rapporti cordiali tra le diverse autorità religiose e tra queste e le istituzioni, al dialogo culturale e a quello popolare-devozionale, fondamentale resta l'incontro nella vita quotidiana, portato avanti per carisma da movimenti ecclesiastici come quello dei Focolari[7], ma

---

[7] Fu il patriarca Atenagora a desiderare una presenza fissa del movimento dei Focolari a İstanbul. Luigi Iannitto, frate minore conventuale, aveva conosciuto il carisma dell'unità nel 1949 e negli anni Settanta dette vita al primo gruppo che iniziò a vivere la spiritualità focolarina.

praticato in molti contesti e forme diverse, alcune delle quali ho qui condiviso, senza tuttavia pretese di esaustività. Il patriarca ecumenico Bartolomeo I, in un'udienza[8] proprio con la presidente del movimento dei Focolari Maria Voce, conosciuta ai tempi in cui lei aveva vissuto a İstanbul tra il 1978 e il 1988, è tornato sul tema del rapporto tra credenti di fedi diverse: solo quando l'incontro è basato sulla vita – ha affermato – esso «non resta una vuota e sterile esercitazione accademica, facilmente attaccabile da quanti continuano a opporsi ai dialoghi ecumenici e interreligiosi».

La Turchia di oggi, impegnata in un momento di passaggio fondamentale, vive spinte in direzioni diverse, persino opposte: conosce rigurgiti oscuri e insieme squarci di sorprendente apertura. Senza dubbio, avere finalmente spezzato tanti tabù, come ho raccontato in queste pagine, e avere sdoganato, anche formalmente, la dignità dell'altro, delle diverse fedi, di comunità per troppo tempo vessate e negate, rappresentano passi che nel Paese hanno lasciato un segno reale.

Scriveva Hrant Dink nel suo ultimo articolo, nei giorni in cui gli attacchi dei fanatici contro di lui erano ormai quotidiani: «Noi siamo quel genere di uomini desiderosi di trasformare l'inferno in cui vivono in paradiso». Un sogno che il grande giornalista armeno non fece in tempo a vedere realizzato. Ma Dink non era solo. Sono già in tanti quelli che hanno raccolto il testimone dalle sue mani.

---

[8] Incontro avvenuto il 30 dicembre 2010.

Postfazione

di **Paolo Branca**
Docente di Islamistica
Università Cattolica del Sacro Cuore, Milano

Se, come dice il titolo di questo libro, la realtà turca è
molteplice al suo interno (e lo sarebbe ancor di più prendendo in considerazione gli immensi territori turcofoni
dell'Asia Centrale, senza limitarsi allo Stato nazionale
moderno nato in Anatolia dopo la fine della prima guerra
mondiale) non meno pluralista è l'intera civiltà islamica
che lungo 14 secoli si è formata e sviluppata declinandosi
in base a diversissime lingue, etnie, culture... Dopo l'araba e la persiana, quella turca si può considerare una delle
tre fondamentali aree del mondo musulmano "classico",
per i suoi contributi essenziali nella storia, nei vari campi
del sapere, nelle arti e nella spiritualità di un universo
tanto poliedrico quanto unitario nei suoi assi portanti.
Nonostante si affacci da sempre sul Mediterraneo, le se-
colari relazioni con le nostre Repubbliche Marinare e la
più recente ma non meno importante collocazione geo-
politica a fianco dell'Occidente, la Turchia resta ancora
per troppi una sorta di "terra incognita", la cui frequen-
tazione turistica non ha saputo scalfire l'aria di minaccia
o di mistero che derivano la prima dal lungo conflitto che

l'ha vista opporsi alle potenze dell'Europa cristiana, la seconda da un orientalismo un po' di maniera che proietta in Medio Oriente e in Nordafrica fantasie o nostalgie datate e ormai ammuffite.

La dinamicità economica e istituzionale di questo vicino, forse portatore di un "modello" in grado di ispirare Paesi confinanti che ne condividono il credo religioso dominante ma non purtroppo altre caratteristiche, è stata finora poco osservata e valorizzata nelle sue potenzialità di "ponte" – e non solo geografico – fra Oriente e Occidente.

Non mancano certo problemi, specie per le minoranze (e non solo quelle religiose, basti pensare ai curdi), ma sarebbe ingeneroso, oltre che controproducente, ignorare che qualcosa si sta muovendo.

Negli ultimi anni, dopo essermi dedicato prevalentemente ai Paesi arabi, ho avuto anch'io varie opportunità di conoscere meglio i turchi. Minoranza della già minoritaria presenza musulmana in Italia, la comunità turca si atteggia nel nostro Paese spesso seguendo orientamenti caratterizzati da maggior apertura, attivismo e inclusione rispetto ad altri gruppi islamici. Visite private e viaggi in gruppo specie a İstanbul, condivisi con amici di diverse fedi, mi hanno svelato possibili piste di incontro e condivisione ancora troppo poco sfruttati, rispetto ai quali ho intuito grande disponibilità e persino impazienza.

Se non altro per ragioni demografiche, quelli della sponda sud del Mediterraneo sono Paesi giovani e ad ogni mio ritorno non posso che constatare invece quanto rapidamente e male stia invecchiando il nostro continente, bloccato da una mancanza di prospettive future più sul versante ideale che dalle pur problematiche condizioni finanziarie. La storia ormai globalizzata, che ci vede senza eccezioni interdipendenti sotto ogni profilo, attende uno sforzo di conoscenza reciproca ancora trascurato dai *curricula* scolastici e del tutto tradito dal sistema mediatico incapace di elevarsi al di sopra di miopi orizzonti e superficiali reazioni emotive.

Questo libro, nato da esperienze dirette condotte con garbo, attenzione e capacità di ascolto, non fugherà probabilmente legittimi timori, né intende proporre facili risposte a ogni quesito, ma ha il grande merito di aprire uno spiraglio su immense possibilità di autentico sviluppo nelle relazioni interculturali e interreligiose fra mondi distinti ma prossimi, chiamati a impegnarsi con inedito slancio a trarre dal proprio tesoro "cose antiche e cose nuove" a beneficio di tutti.

Bibliografia

Akçam Taner, *Nazionalismo turco e genocidio armeno. Dall'Impero ottomano alla Repubblica*, Guerini e Associati, Milano 2005.

Altınay Ayşe Gül, Çetin Fethiye, *Les Petits-Enfants*, Actes Sud, Arles 2011.

Arslan Antonia, Pisanello Laura, *Hushèr. La memoria*, Guerini e Associati, Milano 2001.

Bozarslan Hamit, *La Turchia contemporanea*, Il Mulino, Bologna 2006.

Çetin Fethiye, *Heranush, mia nonna*, Alet, Padova 2007.

Clogg Richard, *Storia della Grecia moderna*, Bompiani, Milano 1996.

De Bellaigue Christopher, *Terra ribelle. Viaggio fra i dimenticati della storia turca*, Edt, Torino 2011.

De Courtois Sebastien, *The Forgotten Genocide: Eastern Christians, the Last Arameans*, Gorgias Press, Piscataway, NJ 2004.

Dink Hrant, *L'inquietudine della colomba. Essere armeni in Turchia*, Guerini e Associati, Milano 2008.

Durak Attila, *Ebru. Reflections of Cultural Diversity in Turkey*, Metis, İstanbul 2007.

Fortna Benjamin C., Katsikas Stefanos, Kamouzis Dimitris,

Konortas Paraskevas, *State-nationalisms in the Ottoman Empire, Greece and Turkey: Orthodox and Muslims, 1830-1945,* SOAS/Routledge studies on the Middle East, Oxon 2013.

Harris Jonathan, *La fine di Bisanzio*, Il Mulino, Bologna 2013.

Kreiser Klaus, *Storia di Istanbul*, Il Mulino, Bologna 2012.

Marchand Laure, Perrier Guillaume, *La Turquie et le fantôme arménien: sur les traces du genocide*, Actes Sud, Arles 2013.

Marsili Carlo, *La Turchia bussa alla porta. Viaggio nel paese sospeso tra Europa e Asia*, Università Bocconi ed., Milano 2011.

Martinelli Paolo (a cura di), *La verità nell'amore. Omelie e scritti pastorali di mons. Luigi Padovese*, Edizioni Terra Santa, Milano 2012.

Miller Donald F., Miller Touryan Lorna, *Survivors. Il genocidio degli armeni raccontato da chi allora era bambino* (presentazione di Antonia Arslan), Guerini e Associati, Milano 2007.

Mills Amy, *Streets of Memory. Landscape, Tolerance and National Identity in Istanbul*, University of Georgia Press, Athens 2010.

Morgenthau Henry, *Diario, 1913-1916*, Guerini e Associati, Milano 2010.

Papatheu Katerina, *Greci e Turchi*, Bonanno, Roma-Catania 2007.

Polselli Antonio, *Don Andrea Santoro. Le eredità*, Città Nuova, Roma 2008.

Santoro Andrea, *Lettere dalla Turchia*, Città Nuova, Roma 2006.

Werfel Franz, *I quaranta giorni del Mussa Dagh*, Corbaccio, Milano 2003.

Yalçın Kemal, *Con te sorride il mio cuore. Viaggio tra gli armeni nascosti della Turchia*, presentazione di Antonia Arslan, Edizioni Lavoro, Roma 2006.

Zambon Mariagrazia, *La Turchia è vicina. Viaggio in un Paese dai mille volti*, Àncora, Milano 2006.

Indice

Della stessa collana:

Colloqui su Gerusalemme
Giuseppe Caffulli (a cura di)

Profilo dell'opera

Gerusalemme è l'ombelico del mondo. Così la definisce il profeta Ezechiele (38,12). Questo libro raccoglie alcuni sguardi su Gerusalemme: uomini di fede, poeti e scrittori, chi a Gerusalemme ha vissuto e chi la contempla da lontano, chi lavora per la Gerusalemme terrena e chi attende quella celeste. Un modo originale, personale, di entrare nel mistero della Città in cui tutti siamo nati (Salmo 87). Interviste a: Enzo Bianchi, José Rodriguez Carballo, Franco Cardini, Andrea Cordero Lanza di Montezemolo, Erri De Luca, Stanislaw Dziwisz, Amos Luzzatto, Carlo Maria Martini, Alda Merini, Gianfranco Ravasi, Andrea Riccardi, Michel Sabbah, Pietro Sambi, Angelo Scola, Achille Silvestrini, Susanna Tamaro, Dionigi Tettamanzi.

Pagine: 184
Prezzo: euro 15,00
Anno: 2008

Messaggero di riconciliazione
Lo storico viaggio di Benedetto XVI in Terra Santa
Carlo Giorgi (a cura di)

Profilo dell'opera

Terzo papa a visitare la terra di Gesù, dopo Paolo VI e Giovanni Paolo
II, Benedetto XVI ha caratterizzato il
suo viaggio nel segno della pace e
della riconciliazione tra popoli, fedi
e culture, in un momento certamente non facile per tutto il Medio
Oriente. Questo volume raccoglie la
cronaca dei giorni della visita, gli
interventi principali del Papa, oltre
a interviste e testimonianze degli
altri protagonisti e della gente comune in Giordania, Israele e Territori Palestinesi.

Pagine: 168+12 a colori
Prezzo: euro 16,50
Anno: 2009

**2011, l'anno che ha sconvolto
il Medio Oriente**
Manuela Borraccino

Profilo dell'opera
Un'analisi dei Paesi coinvolti nella Primavera araba (Tunisia, Egitto, Siria e Palestina) e della situazione delle comunità cristiane che vivono in una condizione di stretta minoranza in contesto islamico.

Pagine: 246
Prezzo: euro 18,50
Anno: 2012

Latte miele e falafel
Un viaggio tra le tribù di Israele
Elisa Pinna

Profilo dell'opera

Israele è un Paese dai mille volti, un coloratissimo "mosaico umano" che tuttavia, ancora oggi, rimane nel complesso poco conosciuto, quasi "nascosto" dietro le ombre del conflitto israelo-palestinese. Lungi dall'essere una società monolitica sotto l'aspetto religioso, etnico o politico, ospita tante "tribù", ciascuna con proprie peculiarità.

Elisa Pinna traccia una panoramica di queste componenti (spesso minoritarie): dagli ebrei ultraortodossi agli abitanti dei *kibbutz*, dai coloni alle comunità di immigrati, dai drusi ai cristiani di espressione ebraica.

Pagine: 240
Prezzo: euro 16,90
Anno: 2014 (II edizione)